デイモン・ザハリアデス
弓場隆 訳

「先延ばしグセ」が治る21の方法

The Procrastination Cure

21 Proven Tactics For Conquering Your Inner Procrastinator,
Mastering Your Time, And Boosting Your Productivity!

Discover

巻頭のメッセージ

本文に入る前に感謝の言葉を述べたい。あなたがふだん忙しくしていることは承知している。先延ばし癖の改善を呼びかける類書がたくさんあることも承知している。にもかかわらず、本書を選んでもらえたことは、著者として嬉しいかぎりだ。最後までお付き合いしてくれたら、その時間が有意義なものになることを約束しよう。

本書を読んで先延ばし癖を改善する究極の方法を学び、それを実行すれば、めざましい変貌を遂げるに違いない。

デイモン・ザハリアデス

先延ばしに関する警句

グズグズしているうちに時間は過ぎ去る。
ひとたび失った時間はもう取り戻せない。

ベンジャミン・フランクリン（アメリカの政治家、科学者、発明家、著述家）

先延ばしは時間泥棒だ。
そいつの首根っこを今すぐに捕まえろ。

チャールズ・ディケンズ（イギリスの作家）

ぼやぼやしていると、多くを失うはめになる。

シェイクスピア（イギリスの劇作家）

明日まで延期するのは、
やり遂げずに死んでもいいことだけにすべきだ。

パブロ・ピカソ（スペインの画家）

はじめに

誰もが先延ばしをする。

これは万人に共通する普遍的な誘惑である。生産性向上や時間管理のエキスパートですら、すべきことがあるのに先延ばしにしがちだ。私たちはより楽しいことを追求しようとするあまり、常に重要課題を先延ばしにする誘惑に駆られている。

たとえば、ジムに行って運動するのを先延ばしにして、自宅のソファーでくつろぎながら好きなドラマを見て楽しむ。散らかっている部屋を片づけるのを先延ばしにして、映画館に行って話題作を見る。間近に迫っているテストに備えるのを先延ばしにして、友達と出かけて楽しく過ごす。

問題は、どうすればこの傾向を弱められるかだが、究極的には、先延ばし癖が人生におよぼす悪影響を最小限に抑えるにはどうすればいいか、ということになる。

残念ながら、先延ばし癖を完全になおすことはできない。なぜならそれは人間の本性だからだ。私たちは長期的な目標と相いれなくても、すぐに欲求を満たしてくれる簡単なことをしたがる。

本書の目的は、この傾向を弱めるのに必要な方法を紹介することだ。

ただし、それについて詳しく説明する前に、何が先延ばしで、何が先延ばしではないかをまず理解しておく必要がある。

先延ばしとは何か？

本来、先延ばしとは、「別のことをするために、何かについて行動を起こすのを後回しにすること」と定義される。この文脈では、「別のことをする」というのは「特に何もしない」という意味かもしれない。

だが、この定義は不十分である。何かを先延ばしにすることが理にかなっている状況を含んでいないからだ。

たとえば、スーパーに行く用事ができたとしよう。ところが、あいにく日曜日で、店内が混雑している可能性がある。生活必需品をすぐに買う必要がある場合を除けば、店内が比較的すいている月曜日までスーパーに行くのを延期することは理にかなっている。

これは先延ばしに該当するだろうか？　もちろん、そんなことはない。むしろ効率的な時間管理の見本と言うべきだ。


では、人生に支障をきたす本当の意味での先延ばしとは、どのようなものだろうか？

ほとんどの人は、先延ばしとは何かを延期する行為で、怠け癖と関係があると考えている。だが、スーパーの例で説明したとおり、課題を延期する原因は怠け癖とはかぎらない。

本書の目的として、先延ばしを「課題に対して早く行動を起こすことがよりよい決定なのに、行動を起こさずにグズグズしていること」と定義しよう。

たとえば、ジムに行くべきなのに自宅でずっとドラマを見る、庭の草刈りをすべきなのに映画館に行く、テスト勉強をすべきなのに友達と外出して遊ぶ、といったことだ。

本書では、よりよい決定をくだし、それによって生産性を高め、時間をより上手に管理する方法を紹介しよう。

「長期的な目標の達成」と「短期的な欲求の充足」のどちらを選ぶか？

パート1で詳しく述べるが、先延ばしの要因はたくさんある。だが、課題を先延ばしにする最大の理由は、別のことのほうがすぐに欲求を満たしてくれるように思えるからだ。

つまり、より重要な課題に取りかかれば、いつか恩恵をもたらすことがわかっているのに、私たちはすぐに欲求を満たしてくれそうなことを好むのである。言い換えると、何らかのことに取りかかれば、長い目で見ると利益のほうが大きいと理屈ではわかっているのに、すぐに満足が得られることを選んでしまうのだ。

たとえば、将来のために貯金すべきだとわかっているのに、新車を購入し、すぐに満足を得ようとする。テスト勉強をすべきだとわかっているのに、友達と出かけて遊び、すぐに満足を得ようとする。ジムに行って運動すべきだとわかっているのに、テレビを見て、すぐに満足を得ようとする。

将来的に恩恵を受けられることに取りかかるより、すぐに欲求を満たしたがる傾向を完全になおすことはできない。なぜならそれは人間の本性だからだ。しかし、この知識を生かして、先延ばし癖の改善のために自分を律することはできる。その秘訣は、行動を起こして、より早く恩恵を受けられるようにすることだ。

そのためのひとつの方法が、パート2で紹介する「課題と誘惑の抱き合わせ」というテクニックである。

行動を起こすことで得られる興味深い効果

退屈で難しそうに見える課題に直面したときの最大の試練は、それに取りかかるのに苦労することだ。しかし、いったん取りかかれば、不思議な現象が起きる。その課題に対する不安感や嫌悪感がやわらぐのである。

退屈な課題（部屋の片づけ、トイレ掃除、報告書の作成など）を先延ばしにしたときのことを思い出そう。その課題はずっと悩みの種だったに違いない。具合の悪いことに、行動を起こすのを先延ばしにすればするほど、その悩みは大きくなったはずだ。

そして、ついにその困難な課題に取りかかったとき、何が起きたか？　それまで抱いていた不安感や嫌悪感――その大半は先延ばしによる罪悪感だ――は、たちまち消えたはずだ。しかも、いったん取りかかると、それを続けるのが容易になったに違いない。

私の例を紹介しよう。

著述家として生計を立てているが、いつも書くことを楽しんでいるとはかぎらない。本を書くのは一苦労だから、たいていそれを先延ばしにしてきた。

ところがいったん最初の半ページを書くと、次の1、2ページ、さらに5ページはスイスイと書けるようになる。

行動を起こすことは、先延ばしにともなう不快感と罪悪感を消し去る効果を持っている。課題に取り組むことのストレスと不安をやわらげる作用もある。そして、それと同じくらい重要なのは、いったん行動を起こすと、課題をやり遂げるための勢いが生まれることだ。

このあとの章では、先延ばし癖が私の人生にどんな悪影響をおよぼしたか、そしてそれを改善したときに何が起きたかを説明しよう。私の経験したさまざまな試練を参考にして、人生でポジティブな変化を起こすことを願ってやまない。

目次

パート2

先延ばし癖を改善する21のテクニック

パート 3

生産性の向上に役立つ先延ばし

序章

私は「先延ばしの達人」だった！

私の過去のさまざまなエピソードは、先延ばし癖に関する最適な研究材料になるだろう。なにしろ筋金入りのグズで、「先延ばしの達人」を自認していたほどだ。

とはいえ、私の言葉をうのみにする必要はない。これまでの人生をざっと紹介するので、それをもとに判断してほしい。

毎年、自動車登録の申請が遅れて、罰金を払っていた。書類に必要事項を記入し、それを封筒に入れて切手を貼ってポストに投函する作業（当時はまだインターネットがなかった）が面倒だったからだ。

さらにひどいことに、車の登録ステッカーが届いても、それを何カ月も放置した。前述のとおり、当時は筋金入りのグズだったのだ。登録ステッカーをライセンスプレートに貼るのが煩わしくて先延ばしにしたために、車が撤去されたことも何度かあった。

すべきことを先延ばしにする癖は、人生のすべての分野に浸透していた。たとえば、保険料の支払いはいつも遅れていた。きれいな服がなくなるまで洗濯物をため込み、一度に大量の服を洗濯した。うまくいかない人間関係を断ち切るのを先延ばしにし、そのせいで問題が生じても、ずるずると引きずっていた。

大学時代はいつもテスト勉強を先延ばしにしたものだ。授業の課題に取りかかるのはギリギリまで遅らせた。プライベートでは折り返し電話をなかなかしないので、友人たちをいつもイライラさせていた。

大学を卒業して就職したが、この悪い癖はなおらず、重要課題に取りかかるのをいつも先延ばしにしていた。報告書を上司に提出するのをギリギリまで遅らせた。会議には出席しなかった。ただし、そう決めていたからではなく、会議が始まっているのに、出席するかどうか決断するのを先延ばしにしていたからだ（当時、私は会議を軽視していた）。

こういう愚かな態度をとっていたのに職業生活が成り立っていたのは、自分でも不思議でならない。

その後、会社を辞めて、思い切って事業を立ち上げた。だが、先延ばし癖がいっこうになおらず、いつも悩まされた。たとえば、顧客向けの新商品を開発するのを先延ばしにした。広告費がいくらかかっているかを調べるのを先延ばしにした。新しいチャンスを見つけるのを先延ばしにした。

その結果、事業で大損するはめになった。

先延ばし癖を改善したら人生の大逆転に成功した！

その後、私はやっとのことで先延ばし癖を改善した（それについてはパート2で詳しく説明する）。おかげで人生の大逆転に成功したと言っても過言ではない。

不安感と罪悪感に悩まされなくなり、それに代わって自信と目的意識が生まれた。人生を果敢に切り開いているのを実感した。

常にすすんで行動を起こすことによって、より多くの商品を開発し、時間を上手に管理し、人間関係を改善することができた（と同時に、うまくいっていなかった人間関係を断ち切ることができた）。

生産性は飛躍的に高まった。より少ない時間で仕事ができるようになっただけでなく、重要な仕事を次々と成し遂げることができた。おかげで長期目標に向かって前進することができた。

とはいえ、今でもたまに課題を先延ばしにすることがある。私の中にひそむ「内なる先延ばし屋」がまだ暗躍しているようだ。しかし、それをうまくコントロールするすべを身につけたので、人生でめざましい進歩を遂げることができた。

では次に、先延ばし癖の公私にわたる代償について説明しよう。

先延ばし癖の公私にわたる代償

きっとあなたは時間をより効果的に管理し、生産性を高めたいと思っているに違いない。だから今、こうして本書を読んでいるのだ。その目的を果たすためには、時間の使い方についてくだす決定は代償をともなうことを知っておく必要がある。

たとえば、ふたつの活動からひとつを選ぶとしよう。両方を同時にすることはできない。このシナリオでは、一方の活動を選ぶと、他方の活動をすることはできなくなる。

そこで、目標に合致する活動を見きわめることが重要になる。すべての活動をする時間はないからだ。

この原理を先延ばしという観点から考えてみよう。私たちは何かを先延ばしにするたびに、ひとつの活動を選んで、ほかの活動を延期している。ただし、先延ばしにした課題はけっして消えない。それはいつまでも残り、時間の経過とともに「早くやり遂げるように」

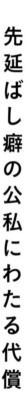

と無言でせかしてくる。

たとえば、庭の雑草は自分で刈るか業者に依頼して刈ってもらうまで、いつまでも伸び続ける。準備を怠っている翌週の試験は、奇跡的に消滅するわけではない。自宅の浴室がひとりでにきれいになることもない。

これらの課題は何らかの時点で取りかからなければならない。それを先延ばしにすればするほど、緊急性が高まる。

先延ばし癖に対して払う代償は、すぐに現れるとはかぎらない。課題を先延ばしにすればするほど、本当の代償が顕著になる。そして、それはやがて公私にわたって大きな支障をきたす。

先延ばし癖がプライベートの4つの分野におよぼす悪影響

先延ばし癖は、プライベートの4つの分野に悪影響をおよぼす。

すなわち、①人間関係の悪化、②経済状態の悪化、③健康状態の悪化、④機会の損失である。

ひとつずつ具体的に説明しよう。

① 人間関係の悪化

未解決の問題についてパートナーと意見が食い違ったとしよう。そういう問題は真剣に話し合って初めて解決することはわかっているが、それは非常に難しい。かといって、話し合いを先延ばしにすると、気まずくなって心理的距離が生じる。

間近に迫った懇親会について連絡するのを先延ばしにしたとしよう。だが、そうすることによって、友人たちとの交流を深める機会を逃すことになりかねない。

家族でイベントに参加するためのチケットを買うのを先延ばしにしたとしよう。だが、そうしているうちにチケットは売り切れてしまい、家族をがっかりさせることになる。

② 経済状態の悪化

クレジットカードの支払いを先延ばしにしたとしよう。支払いが遅れると、遅延損害金が発生するだけでなく、クレジットカードが使えなくなるおそれすらある。

税金の支払いを先延ばしにしていると、そんなときにかぎって緊急事態が発生して支払いが間に合わなくなり、利息に相当する延滞税を課せられるはめになる。場合によっては税務調査が入るおそれすらある。

投資の決定を先延ばしにしたとしよう。そうすることによって、市場の動向によっては莫大な損失をこうむるおそれがある。

老後の準備を先延ばしにしたとしよう。いざ定年を迎えたとき、必要な生活資金が足りずに苦労することになる。

③ 健康状態の悪化

先延ばし癖は健康状態を悪化させるおそれもある。たとえば、体調が悪いと感じたとき、病院に行くのを先延ばしにしたとしよう。運がよければ自然に治るかもしれないが、体調が悪いのは重症だからかもしれず、早期治療を要する可能性がある。その場合、病院に行くのを先延ばしにすると深刻な事態を招きかねない。

運動するのを先延ばしにしたとしよう。日々の運動習慣を始めるべきだとわかっているが、なかなか実行する気になれない。行動を起こさないまま数カ月が経過し、体力が徐々に衰え、体脂肪が増加し、心臓の具合が悪化する兆しが現れるかもしれない。

日常のさまざまなことを先延ばしにし、たえずプレッシャーを感じているとしよう。そのストレスは心身に重大な悪影響をおよぼす。

④機会の損失

私たちは先延ばし癖のせいで日常的に機会を逃している可能性が高い。たとえば、人気レストランの予約を先延ばしにして、もう遅かったときのことを思い出そう。航空券の購入を先延ばしにしているうちに、価格が高騰していたことはないだろうか？それどころか、すでにキャンセル待ちになっていたこともあるかもしれない。

休暇で利用するホテルの予約を先延ばしにしたとしよう。時間はいくらでもあるから大丈夫だと思っていたが、予約しようとしたときはすでに満室になっていて、がっかりすることになる。

自宅の屋根の修理を先延ばしにしたとしよう。評判のいい業者が割引料金で工事を請け負っていたが、あなたは工事の依頼を先延ばしにしてしまい、気づいたときには業者の予定が詰まっていて、割引料金での工事を請け負ってもらえない。

先延ばし癖が仕事におよぼす悪影響

行動を起こすのを先延ばしにすると、仕事にもさまざまな悪影響をおよぼす。たとえば、自分にぴったり合ったいい仕事があることを知ったとしよう。ところが履歴書の送付を先延ばしにしたために、いつの間にか採用枠が埋まってしまい、面接を受ける機会すら得られない。

営業職に就いているとしよう。翌日に連絡しても差し支えないと思って、見込み客への確認を先延ばしにした。すると、その見込み客はすでに興味を失っていて、売り込みを受け付けなくなっている。さらに具合の悪いことに、その見込み客は連絡がないあいだにライバル社と取引することにした。その結果、手数料収入が得られず、売上が伸びなかっただけでなく、昇給の可能性を失ってしまった。

上司に提出する書類の作成を義務づけられているとしよう。だが、いつものようにその職務を先延ばしにし、ギリギリになって大あわてで書類の作成に取りかかる。この習慣のせいで提出期限に間に合わないか、ミスだらけの書類を急いで提出することになる。どちらの場合でも勤務評価は下がる。

先延ばし癖はふだんの仕事ぶりにまざまざと現れている。その習慣は生産性を阻害している。つまり、課題を先延ばしにすればするほど、生産性は低下するのだ。さらに具合の悪いことに、先延ばしにした課題が積み重なるにつれて、時間を効果的に管理するのがますます困難になる。

以上のいくつかの例は、先延ばし癖の代償が予想をはるかに超えていることを示している。この習慣は公私にわたって恐ろしく大きな悪影響をおよぼす。

これで先延ばし癖の代償がどのようなものかわかったに違いない。では、本書で何が学べるかを説明しよう。

本書で学べること

本書は3つのパートで構成され、系統立てて書かれている。

本書は最初から順番に読んでほしい。なぜならパート2の大半はパート1をもとにしているし、パート3の提案はパート2をもとにしているからだ。

本書を最初から順番に読むと、各章の内容がすんなり理解できる。

ただし、先延ばし癖の改善はとても難しいことを念頭に置く必要がある。どんな習慣でもそうだが、長く続けていればいるほど、生活に深く根差している。だから、もし課題を先延ばしにする習慣をずっとひきずってきたなら、それを改めるには何週間も何か月もかかるかもしれない。

本書を最後まで読んで、パート2で紹介するすべてのテクニックを実行したら、必要に応じて各章を再読してほしい。本書はそうしやすいように構成されている。再読する際には目次を開いて特定の章を見つけるといいだろう。

本書の各パートの内容をざっと紹介しよう。

パート1　なぜ課題を先延ばしにしてしまうのか？

問題を解決するには、その問題がなぜ起こるかを知る必要がある。パート1では、それについて詳しく説明しよう。先延ばしの一般的な理由を紹介するが、そのいくつかは心当たりがあるに違いない。

パート1を読むとき、あなたは一人ではない。パート1で紹介する理由のいくつかは、私にも身に覚えがあるからだ。それがどれかを指摘し、どんな影響をおよぼしたかを説明しよう。

私の目標は、あなたの先延ばし癖の改善をお手伝いすることだ。

パート2　先延ばし癖を改善する21のテクニック

この部分が本書のメインである。すぐに読めるが、非常に効果的だ。一つひとつのテクニックをお伝えしながら、なぜ効果的なのかを説明しよう。ただし、それぞれのテクニックは単独で効果を発揮するというより、それらのテクニックをすべて実行したときに最高の結果をもたらす。

パート3　生産性の向上に役立つ先延ばし

先延ばし癖は悪いこととはかぎらない。ときには有益である。だから、それを避けるのではなく歓迎することが理にかなっていることもある。

パート3では、課題をやり遂げるために先延ばし癖が役立つときについて説明し、「積極的な先延ばし」という効率的なコンセプトを掘り下げてみよう。それによって集中力が増し、時間配分がうまくでき、場合によってはより多くの課題をやり遂げるのに役立つことを説明しよう。

先延ばし癖に関するよくある質問

以上の3つのパートを読み終えたら、先延ばし癖について質問があるかもしれない。そこで巻末に質疑応答のコーナーを用意して、よくある質問に答えた。

質問のいくつかはパート1、2、3で述べたことから少しそれているかもしれないが、注目すべきユニークな視点を紹介している。

新しい人生の第一歩を踏み出そう

本書は数多くのことを扱っているが、すぐに読めるように工夫されている。そのほうが素早くアドバイスを実行して結果を出せるからだ。

ふだんさまざまな課題を先延ばしにしているなら、この習慣が人生に悪影響をおよぼしていることを痛感しているに違いない。そこで、「必ず先延ばし癖を改善する」という誓いを立てよう。いったん先延ばし癖を改善し、すぐに行動を起こすように自分を律すれば、人生の主導権を握っていることを確信できるはずだ。

では次に、本書を最大限に活用する方法を紹介しよう。

本書を最大限に活用する方法

先ほど、「必ず先延ばし癖を改善する」という誓いを立てるよう指示した。だが、もしそれを実行するのを先延ばしにしているなら、なんと皮肉なことだろうか。

肝に銘じてほしいのは、先延ばし癖の改善について書かれたどんな本も、読み手が「変化を起こす」という誓いを立てないかぎり、なんの効果もないということだ。

それが本書を最大限に活用するための最初のステップである。

次のステップは、直面している問題を見きわめることだ。パート1では、恐怖心や怠け癖、完璧主義、ネガティブなセルフトークなど、さまざまな要因を挙げる。それが当てはまるなら、素直に認めよう。前章で述べたように、問題に取り組んで成果をあげるためには、なぜそのような問題が起きているのかを知る必要がある。

3つめのステップは最も重要で、ここで学んだ方法をふだんの生活に応用することだ。本書のほぼすべてのことが、実行するために書かれている。それをたえず実行することが、人生を好転させる最も速くて確実な方法だ。パート2とパート3を読みながら、そこに書かれているアドバイスに従って行動を起こすようにしてほしい。

本書は簡潔にまとめられているから、やや長い章でもすぐに読める。その目的は、単に読むだけでなく、すぐに実行できるようにすることだ。

本書を通じて、先延ばし癖との決別に必要な知識と方法を余すところなくお伝えしたい。起業家、ビジネスマン、フリーランス、自営業者、専業主婦、学生、そのほかのどれであれ、本書のテクニックはきっと役に立つ。つまり、地位や身分とは関係なく、確実に成果があがるということだ。

すぐに行動を起こして先延ばし癖を改善する準備ができたなら、さっそく始めよう。まず、先延ばし癖の最も一般的な理由をいくつか紹介したい。

パート

1

なぜ課題を先延ばしにしてしまうのか？

なぜ課題を先延ばしにしてしまうのかを理解するには、「現在の自分」と「未来の自分」を区別する必要がある。両者は共存しているが、常に対立している。なぜなら正反対の動機によって突き動かされているからだ。

「現在の自分」はすぐに欲求を満たせそうな活動に引きつけられるが、「未来の自分」は将来的に成果があがりそうな活動に興味を持つ。

たとえば、「現在の自分」はソファーに座ってテレビを見たがるが、「未来の自分」は体調を管理するために運動したいと思っている。

いったん両者の性格の違いが理解できたら、行動を起こすのを先延ばしにするさまざまな理由がよくわかるはずだ。

パート１では、それらの理由を深く掘り下げる。一つひとつの理由について論じながら、それが「現在の自分」と「未来の自分」の意志決定にどんな影響をおよぼすかを考えてみよう。

先延ばしの理由

1 失敗の恐怖

恐怖心は先延ばし癖に大きな役割を果たしている。それはさまざまなかたちをとって現れるが、その中で最も強いもののひとつが「失敗の恐怖」である。

行動を起こすのをためらうのは、間違ったことをしてしまうのを恐れているからだ。あるいは、行動を起こすと、悪い結果をもたらすのではないかと恐れているからだ。大切なのは、それが人目にさらされるかどうかとは関係がないことである。どちらも不快なことだから、多くの人はそういう事態を避けようとする。

この恐怖心はさまざまな事情に由来する。たとえば、課題になじみがないと、ためらいを感じるものだ。そのため、行動の結果に確信が持てず、失敗の恐怖がますます大きくなる。そして、すぐに行動を起こすべきかどうかとか、課題を後回しにしても差し支えないかなどと思いをめぐらせることになる。

失敗の恐怖は、過去の恥ずかしい経験に由来しているのかもしれない。たとえば、人前で話をして大失態を演じたとしよう。その経験はトラウマになり、脳裏に刻み込まれる。その後、人前で上手に話してトラウマを乗り越えないかぎり、もう二度と人前で話したくないと思ったとしても無理はない。少なくとも、人前で話すのを先延ばしにする方法を探すだろう。

失敗の恐怖は、何かがうまくできないという思い込みに由来している可能性がある。たとえば、「成績が悪い」と叱られた子どもはテストを恐れるようになり、テスト勉強を先延ばしにするかもしれないし、「営業の仕方がまずい」と注意された営業マンは、見込み客に電話をかけるのを先延ばしにするかもしれない。

多くの人は新しいことに挑戦するのを避けたがる。この不安はたいてい恐怖につながり、行動を起こすのをためらうようになる。実際、可能なかぎり行動を起こすのを先延ばしにする人が少なくない。

解決法

失敗をポジティブにとらえる

まず、**失敗の恐怖は人間の本性の一部である**ことを理解しよう。私たちの自我は、何に取り組むにしても、それに成功する能力にかかっている。だから失敗するかもしれないという思いは、心配の種になる。

次に、人生において失敗が持つ意味を再定義する必要がある。それを人格的欠陥と決めつけるのではなく、特定の行動や方法がうまくいかないだけだと考えよう。それができれば、成功の可能性が高い別のやり方を思いつくはずだ。言い換えると、**失敗を恥じるべき不名誉とみなすのではなく、活用すべき有効なデータとみなすということである。**

第三に、**世界的な成功者ですら人生で何度も失敗している**ことを知っておこう。彼らは失敗したからといって挑戦をやめなかった。それどころか、失敗するたびに成功への意欲をさらに燃やして前進を続けた。

たとえば、エイブラハム・リンカーンはアメリカの大統領になるまで何度も落選を経験している。映画監督のスティーヴン・スピルバーグは成績不良のために南カリフォルニア大学への入学を三度も拒否されている。大ベストセラー「ハリー・ポッター」シリーズの作者J・K・ローリングは「けたはずれの失敗をした」と告白しているが、たび重なる失敗が成功への原動力になった。

バスケットボール界のレジェンド、マイケル・ジョーダンはNBAでの失敗を振り返って、こんなふうに言っている。

「私はプロになってから9千回以上もシュートをはずし、300試合近く負け、試合を決めるシュートを任されて26回もミスした。しかし、何度も失敗したからこそ成功することができた」

失敗の恐怖を克服するには、起こりうる最悪の結果について考えてみよう。おそらく想像しているほど悪くないはずだ。そして、失敗が自分にとってどういう意味かを再定義しよう。そのために行動を起こすのを先延ばしにするのではなく、失敗をバネにして果敢に行動すべきだ。失敗は単なるフィードバックにすぎない。

先延ばしの理由

2 成功の恐怖

「成功の恐怖」は失敗の恐怖と同じくらい大きな損失をもたらすおそれがある。それは**自分や他人の期待にこたえられないかもしれないという本質的な心配**に由来する。実際、多くの人がそのために行動を起こすのを先延ばしにしているのが現状だ。

たとえば、社長が新しい部署を発足させると公表したとしよう。社長はあなたにその部署を統率してほしいと思っている。あなたはその申し出を受け入れさえすればいい。当初、自分の部署を統率することになってワクワクしているかもしれない。昇進と昇給を果たせるし、したいことがしやすくなる。だが、まもなく不安が生じ、自分の能力を疑問視し始める。

新しい部署を統率して成功に導けるか？　社長の期待にこたえられるか？　新しい部署

を統率してうまくいかなかったらどうなるか？

このような不安を放置しておくと、それはますます肥大し、身動きがとれなくなる。

成功の恐怖は、成功がもたらす試練に対する気がかりに由来することもある。たとえば、新しい部署を業界随一の存在に育て上げたとしよう。その次はどうなるか？

社長はより大きなプロジェクトを任せるだろうから、より大きな試練に見舞われるかもしれない。より大きなプロジェクトは失敗につながるかもしれない。逆に、成功を収めると自分らしさを喪失することになるかもしれない。

ときには成功の恐怖は後ろめたさから生じる。たとえば、過去の成功が偶然だったと感じているかもしれない。その結果、過去の成功がもたらす名声や機会にふさわしくないと感じ、自分が不適格な人物のように思えるだろう。

こんなふうに成功の恐怖は失敗の恐怖と同じように先延ばしにつながる。そして、好ましくない結果を招く。

解決法　成功の結果を想像する

成功の恐怖を克服するときの難点は、それを見落としやすいことだ。私たちは成功の恐怖を単なる先延ばしにすぎないと考え、その原因を究明しないことが多い。

まず、成功の恐怖のために行動を起こすのを先延ばしにしている兆候を探そう。周囲の人に認められるのが不安なのか？　周囲の人に不適格だと思われるのが心配なのか？　期待されている結果を出せそうにないことが気がかりなのか？

次に、成功したらどうなるか自問しよう。恐怖心にはたいてい根拠がないことがわかるはずだ。**恐怖心が強い力を持っているのは、その本質がよく見えていないからである。したがって、正面から立ち向かえば、その力は弱まる。**

さらに、成功の結果が目標と合致しているかどうか自問しよう。先ほどの例で言うと、会社の新しい部署があなたの優れた統率力のおかげで成功を収めたとしよう。成功は昇給や昇進などのように人生で大切だと思っているものを手に入れるのに役立つだろうか？もしそうなら、行動を起こして目標を達成するのを楽しみにすることができる。だが、もしそうでないなら、成功は小さな意味しか持たないから、不安に思う必要はない。

いずれにしても、このエクササイズをすれば、成功が恐れるに足りないことが明らかになるだろう。

先延ばしの原因になっている恐怖心に立ち向かうことは、その威力を消し去るための最も効果的な方法である。失敗の恐怖に立ち向かったときと同様、成功の恐怖はたいてい根拠がないことがわかるはずだ。

先延ばしの理由

3 完璧主義

私はかつて完璧主義者だった。それだけに、自分に対して高すぎる基準を課していて、そのためにいつもびくついている人たちには同情を禁じえない。

完璧主義は先延ばしの一般的な原因である。完璧主義者は自分に対して高すぎる基準を課しているので、それ以下のものを受け入れようとしない。この癖のメリットは、驚くほど高品質の仕事をする原動力になることだが、デメリットは、行動を起こすのをみずから妨げてしまうことだ。

私は完璧主義者として育った。自分のすることはすべて完璧でなければ気がすまなかった。この困った性格は小学生のころに現れ、中学・高校を経て大学でも続いた。その後、社会に出てからもそうだったし、独立して事業を立ち上げたときもついて回った。

それは私にどんな悪影響をおよぼしたか？

まず、仕事に対する姿勢が完全にゆがんだ。

次に、完璧な出来ばえでなければならないという気持ちが少しでもあると、課題を先延ばしにする癖がついてしまった。

さらに、完璧主義のために課題を先延ばしにすればするほど、不安にさいなまれて不幸な気分になった。先延ばし癖はますます大きなストレスと不満につながった。結局、完璧主義のせいで、ほとんどの課題に取りかかるのを先延ばしにした。そして、そのためにとてもみじめな思いをした。

もし以上のことに心当たりがあるなら、完璧主義が先延ばし癖につながることを身にしみてわかっているはずだ。

解決法　完璧主義を克服する4つのステップ

まず、**完璧であることと、ほぼ完璧であることの違い**を見きわめよう。その違いはたいてい取るに足りないほど小さいはずだ。もしそうなら、わざわざ思い悩むだけの価値はほとんどない。

次に、**完璧主義の代償**について考えてみよう。完璧主義が損失をもたらすパターンはたくさんある。たとえば、行動を起こせなくなる、ストレスがたまる、利益を得る機会を逃す、などなど。

さらに、**なぜ完璧でありたいのか**考えてみよう。正当な理由がほとんどないことに気づくはずだ。ただ、たとえ不合理でも、期待にこたえられなかったらどうしようという本質的な恐怖がある。

最後に、**たとえ完璧でなくても、努力することが価値をもたらす**ことを理解しよう。たとえば、テストで95点をとることは満点をとることに比べれば見劣りするかもしれないが、70点や80点よりはいい。週に1回、庭の草刈りをすることは、たとえ完璧にできなくても価値がある。夫婦で出かけるとき、仲よく過ごして楽しめれば、完璧な休暇でなくてもかまわない。

完璧主義は人生を台無しにしかねない。有名な小説家アン・ラモットに言わせれば、「完璧主義は暴君の声」である。そこで、その声を黙らせれば、課題を先延ばしにする傾向は弱まる。

先延ばしの理由

4

何かに圧倒されているという感覚

何かに圧倒されていると感じても恥じる必要はない。それは誰にでもあることだ。私たちの義務と責任はどんどん増えて、その中に埋没してしまうように感じ、不安が募って行動を起こせなくなる。

さまざまな状況が「何かに圧倒されている」という感覚につながる。最もよくあるのは、途方に暮れている人がいくつもの課題に取り組んでいることだ。一つひとつの課題でも精いっぱいなのだから、目の前に高い山がそびえ立っているような気分になる。

これはとてもよくあることだ。実際、こんなふうに何かに圧倒されている状況が日常的に発生する。

たとえば、夫婦間の問題が生じ、不安をかき立てられて行動を起こせない。クレジットカードの返済額が大きいときも似たような気分になる。近親者が死ぬと、すべてがむなしく思えてくる。新しい家を買うといった人生の大きな決断も大きなストレスになりかねず、不安がわいてくる。

過剰な情報も圧倒される原因になりやすい。何かを調べていると、情報が洪水のようにあふれてくるので、それに押し流されて前進するのが困難になり、優柔不断におちいって身動きがとれなくなる。

いかなる理由であれ、何かに圧倒されていると感じると、重要課題を先延ばしにしやすくなる。

何かに圧倒されているという感覚にさいなまれると、行動を起こすのがおっくうになる。少なくともその感覚が収まるまではそうだ。

解決法 **圧倒されている原因を見きわめる**

何かに圧倒されていると感じ、そのために課題を先延ばしにしているなら、冷静になって理由を見きわめよう。

なぜそんなふうに感じているのだろうか？　何かに圧倒されていると感じる原因はなんだろうか？

そうやって初めて原因を突き止め、自分を押しとどめているネガティブな感情を解消する計画を立てることができる。

たとえば、睡眠不足のせいで圧倒されているとしよう。神経がすり減ってイライラし、ちょっとした不安でも増幅される場合、原因は睡眠不足だから、生活の質を高めるために睡眠を改善する計画を立てる必要がある。

大きな課題に振り回されてストレスを感じ、圧倒されているとしよう。この場合、焦点が定まらないことが原因だから、課題を細分化すれば、ひとつずつ処理できる。

愛する人が死んで悲しみに打ちひしがれ、圧倒されているとしよう。この場合、カウンセラーによる心理療法を受けると役に立つかもしれない。

クレジットカードの請求額が多すぎて圧倒されているとしよう。この場合、借金を返済するための合理的な計画を立てることが急務である。

以上のように、圧倒されているという感覚に対処するための画一的な解決策は存在しない。この感覚に対処するための最も効果的な方法は、その原因を見きわめて、それを取り除くことだ。

先延ばしの理由

5

怠け癖

先延ばし癖は怠け癖と密接にかかわっているので、本質的に同じだと考えている人が多いが、実際にはこのふたつは微妙に異なる。怠け癖が先延ばし癖につながることはよくあるが、先延ばしの常習者の大半は必ずしも怠け者ではない。

怠け癖と先延ばし癖の定義を明確にしよう。

■怠け癖とは、課題に取りかかりたがらないことである。

■先延ばし癖とは、課題に対して行動を起こすのを延期することである。

この違いがわかるだろうか？

課題を先延ばしにする人は、いずれそれに取りかからなければならないことを知っている。ただ、そのタイミングをギリギリまで延期しているだけである。

その典型がテスト勉強だ。先延ばし癖のある学生は、テストはなくならないから、いずれ勉強を始めなければならないことを知っている。

一方、怠け癖のある学生はテスト勉強を先延ばしにするのではなく、それを完全に無視する。現在も未来も勉強する気などさらさらない。勉強は努力を要するので、怠け癖のある学生はそれが嫌いなのだ。

たとえば、怠け癖のために苦労していて、いつもギリギリまで課題を延期しているとしよう。あるいは、もっとひどいことに、それを無期限に延期している。ToDoリストにある重要項目に取りかかるべきだとわかっているのに、じっとソファーに座ったままテレビを見ている。

どうすればこの習慣を断ち切れるだろうか？

解決法　怠けてしまう理由を見きわめる

まず、怠けてしまう理由を見きわめよう。セルフイメージが低いために怠けているのかもしれない。目の前の課題に興味がないために怠けている人もいるだろう。さらに、嫌だと思う課題に直面したときの習慣として怠け癖がついている人もいるに違いない。

怠け癖は生まれつきの性格だと思われがちだが、**この行動パターンを引き起こす原因がたいてい存在する。その原因を見きわめることが成否のカギを握る。**

次に、行動を起こせなくしていると思う問題を見きわめよう。その問題は本当に解決できないのか自問する必要がある。調べているうちに、それが単なる幻想にすぎないことがわかるかもしれない。それは存在しないか、想像しているよりずっと小さい影響力しかない。怠け癖を正当化するために思いついただけかもしれない。

たとえば、ジョギングを始めようとしているなら、そのときの問題は、ジョギングシューズをどこに置いたかを忘れたことかもしれない。だが、それは本当の問題ではない可能性が高い。家の中でジョギングシューズを置く場所はかぎられているからだ。この場合、その「問題」は、怠け癖を正当化するために思いついたものだ。

第三に、行動を起こす習慣を身につけよう。怠け癖で悩んでいる多くの人は、モチベーションが足りないことが原因だと思い込んでいるが、モチベーションは誰にとっても一時的なものだ。**行動を起こす人と言い訳をする人の違いは、行動を起こす習慣を身につけているかどうかである。**

幸いなことに、この習慣は、ほかのすべての習慣と同様、学習して身につけることができる。大切なのは、時間をかけてふだんの生活に取り入れることだ。

先延ばしの理由

6

退屈

数日前、私はブログを書くために机の前に座った。だが、自分を律して、たちまち集中力を発揮したかというと、恥ずかしながらそんなことはなかった。

結局、ほかのブログを読んで過ごしたのだ。言い換えると、ブログを書く以外のことをしたのである。

その理由を見きわめるのに数分かかった。要するに退屈だったのだ。その理由は、ブログを書く気になれなかったからである。そこで私はほとんどの人と同じように、困難な課題に直面したときにすることをしたのだ。

すなわち、課題を先延ばしにしたのである。

私は自分と向き合って、退屈だった本当の理由を探り当てた。ブログのテーマに興味がなかったのだ。そこで退屈な気分に逆らって無理やり行動を起こすのではなく、そのテーマをやめて別のテーマを選んだ。

その結果、どうなったかは容易に想像がつくだろう。両手の指はなめらかにキーボードをたたき始めた。集中力が高まり、行動を起こしたのだ。

私の態度はなぜこれほど劇的に変化したのか？　新しいテーマに興味を感じたからだ。おかげで先延ばし癖を簡単に改善できた。ただ、意識的にそうしたわけではなかった。単に書き始めるだけで、脳が自動的に残りの作業をしてくれたのだ。

課題を先延ばしにしていることに気づいたら、その課題が退屈だと感じていないかどうか自問しよう。もしそう感じているなら、退屈を克服する方法を考え、行動を起こせなくしている心理的要因を取り除こう。

解決法

退屈だと感じる原因ごとの対処法

目の前の課題が退屈だと感じるのは、いくつかの原因がある。気が乗らないのかもしれない（先ほどの私の例がそうだ）。すっかり慣れていて、眠気をもよおすほど退屈な作業なのかもしれない。なぜその課題が重要なのかわかっていないからかもしれない。

退屈を克服する方法は、退屈だと感じている理由による。

気が乗らないことが理由なら、意欲をそそるやり方に変えてみよう。創造性を発揮しよう。たとえば、複数のスキルを使って課題を処理する方法を考えるとか、他人と競争するといったことだ。

繰り返しをともなう単純作業をしているなら、ゲーム性を持たせてワクワクする方法を考えてみよう。たとえば、20分で何通の封筒に書類を入れられるか挑戦するのだ。もし同僚が同じ作業をしているなら、楽しみながら競争するといい。

目の前の課題がなぜ重要なのかわからないなら、上司に理由を説明してもらおう。フリーランスや専業主婦、大学生のように上司がいないなら、その課題に取り組む必要があるのかどうか自分で見きわめよう。

退屈とは自らに課したものだから、退屈だと感じる原因をコントロールすることができる。つまり、退屈を克服し、それによって先延ばしの衝動に打ち勝つのに役立つ独自の戦略を立てればいいのだ。

先延ばしの理由

7

努力を嫌がる傾向

すぐに成果があがるのでないかぎり、ほとんどの人は努力を嫌がる傾向がある。たとえば、洗車をするのは、すぐに車がピカピカになることを知っているからだ。テストが近づいたら勉強するのは、すぐにいい成績をとりたいからだ。受信トレーのメールをすべて開封済みにするのは、未読メールをゼロにすると、すぐに気分がよくなるからだ。

一方、運動をするためのモチベーションを高めるのは難しい。成果がはっきり出るのは数週間か数カ月先だからだ。同様に、副業を始めるために何時間も費やすのは難しい。その事業が軌道に乗るのは何年も先になりやすいからだ。

きっと心当たりがあるだろう。おそらく誰だってそうだ。

努力を要する重要課題は、すぐに満足が得られないなら、先延ばしの対象になりやすい。もっと楽しいことをするほうがずっと簡単だからだ。たとえば、テレビを見ることや友人と遊ぶことといった、努力を要しない課題に取りかかることは簡単で楽しい。

問題は、努力を要する重要課題を先延ばしにすると、時間が経過するにつれてストレスと後ろめたさを感じることだ。もしそうなら、努力を嫌がる傾向を克服することが大切になる。

その解決法を紹介しよう。

解決法　努力を重ねることを日々の習慣にする

困難な課題に取りかかるために私が発見した最も効果的な方法は、一定のシステムを確立することだ。これならモチベーションや意志力に頼る必要がない。行動は習慣によって促されるからだ。

努力を嫌がっているためにふだん課題を先延ばしにしているなら、これから紹介する方法を試すといい。

収入を増やすために副業を始めたいと思っているとしよう。どんなタイプの事業を立ち上げるにも努力を要する。当然、長期にわたって真剣に取り組まなければならない。しかも、その報酬はたいてい何カ月か何年も先のことになる。

もし副業をこんなふうにつらいイメージでとらえているなら、大きな葛藤を経験することになる。あなたの脳は、事業を立ち上げるのに必要な課題を先延ばしにするように働きかけ、その代わり、より楽しくてすぐに満足が得られそうなことにフォーカスするように仕向ける。

この葛藤を克服するには、一定のシステムを確立すればいい。たとえば「毎晩6時から7時まで副業に取り組む」という誓いを立てよう。それを数週間継続すれば習慣になるから、毎日その時間帯に副業に励むことができる。

あるいは、立ち上げたばかりの事業を軌道に乗せるのに不可欠な3つのことを見きわめて、毎朝、目が覚めたらすぐにそれに取りかかるといいかもしれない。

こんなふうに一定のシステムを確立すれば、その日にすべきことにフォーカスするだけですむ。重要なのは、とにかく毎日、行動を起こす習慣を実行することだ。

適切な課題に取り組んでいるなら、日々の努力はいつか好ましい結果をもたらすに違いない。この例で言えば、副収入を安定的にもたらす事業である。

先延ばしの理由

8

ネガティブなセルフトーク

ネガティブなセルフトークとは、心の中で自分をけなすことだ。それをしているとき、自分の能力を見くびっている。極端な場合、自分の能力を徹底的に疑い、「何もできない」と思い込んでしまう。つまり、自分をまったく信頼できなくなるのである。

ネガティブなセルフトークは自分の進路を妨害する行為だ。「内なる批判者」――誰もがそれを自分の中に持っている――のせいで自信を喪失することになる。さらに具合の悪いことに、内なる批判者のネガティブな主張はたいてい間違っている。少なくともひどく批判的だから、すぐさま反論すべきだ。

そうしなければ、内なる批判者に思考を支配されてしまう。自分の能力を疑う気持ちで心の中がいっぱいになるから、確実に先延ばしにつながる。自分をけなすことは、「きっと失敗する」という思いにつながる。その結果、「どうせうまくできない」と思い込み、行動を起こすのをためらうようになる。

たとえば、専門分野の修士号の取得を考えているとしよう。ところが、内なる批判者が「それはとても困難な作業だから、失敗するに決まっている」とささやきかける。

こういうネガティブなセルフトークを放置していると、目指している大学院の受験を先延ばしにする可能性が高い。もしその状態が続くと、機会を完全に逃してしまうだろう。

幸いなことに、内なる批判者に打ちのめされる必要はない。ネガティブなセルフトークを封じ、自分を疑う気持ちを捨てれば、自信を持って行動を起こす習慣を身につけることができるからだ。

解決法

内なる批判者の主張に反論する

内なる批判者を黙らせる最初のステップは、その主張に異議を申し立てることだ。内なる批判者が「どうせ失敗する」とささやきかけたら、すぐに反論しよう。たとえば「なぜ失敗するのか？　失敗につながる要因は何か？」と自分に問いかけるのだ。

要するに、「内なる批判者の主張の根拠は何か？」ということだ。ネガティブなセルフトークを白日のもとにさらすと、それは消えてなくなる。なぜなら内なる批判者の主張は根拠が乏しいことが明らかになるからだ。

第2のステップは、自分の置かれている状況を冷静に見つめることである。専門分野の修士号取得を目指すという先ほどの例について考えてみよう。内なる批判者は「求められる勉強量が多いので、やり遂げるのは無理だ」とささやきかけてくる。

だが、その主張は真実だろうか？

大学院での修士号取得に必要な勉強量はだいたい把握しているはずだ。すでに大学でその分野の学位を取得しているのだから、どんなことを学び、どんな準備をすればいいかはおおよそわかっているだろう。必要な時間と労力をかけるなら、内なる批判者がどんな主張をしようと、あなたはほぼ確実に成功する。

第3のステップは、他人のほめ言葉を受け入れることである。ほとんどの人はふだんネガティブなセルフトークに悩まされているので、誰かにほめられると違和感を覚えるようだ。それは、他人のほめ言葉が自分のセルフイメージと相いれないという事実によるものである。

他人のほめ言葉を受け入れるのに苦労しているなら、それを額面どおりに受け取ることを心がけよう。他人のほめ言葉は自分のゆがんだセルフイメージを矯正するのに役立つ。誰かがほめてくれたら、素直に「ありがとう」と言えばいい。このシンプルな習慣は、内なる批判者を黙らせるうえで驚くほど効果的だ。

内なる批判者を黙らせることができれば、課題を先延ばしにすることが少なくなり、自分の能力とスキルに自信を持って行動できるようになる。

先延ばしの理由

9

フラストレーション耐性が低い

物事が計画どおりにいかないと、すぐに不満を感じるだろうか？　事態が思うように展開しないと、怒りや絶望を感じやすいだろうか？　もしそうなら、フラストレーション耐性が低いからかもしれない。

フラストレーション耐性が低い原因は、事態が実際より深刻だと思ってしまうことだ。身近な例で説明すると、車で職場に向かっているとき、赤信号に引っかかって遅刻しそうだとしよう。多くの人は「ああ、ついてないな」と独り言を言う程度だ。

ところが、それとは対照的に、フラストレーション耐性が低い人は「これは参った。そうでなくても遅刻しそうなのに、この赤信号のせいで、今日の予定がもうめちゃくちゃだ」と独り言を言ってしまいやすい。

フラストレーション耐性が低い人は、少しでも気に入らない結果につながるかもしれない状況を直感的に避けようとする。そういう人にとって、目の前の課題はあまりにも困難で、責任は不当に重く、プロジェクトは実行不可能に思えてくる。

当然、その結果は先延ばしである。課題は延期され、責任は回避され、プロジェクトは敬遠される。フラストレーション耐性が低い人はすぐに身動きがとれなくなる。残された選択肢（行動を起こすこと）は不安とストレスを引き起こす可能性が高いからだ。

解決法　フラストレーション耐性を高める3つの方法

私はかつてフラストレーション耐性が低かった。小さい問題なのに真剣に悩んで、ほかのことに意識を向けることができなかったのだ。それは不合理な考え方で、たいてい先延ばしにつながった。

しかし、やがていくつかのテクニックのおかげで、この問題を解決できるようになった。それを簡単に紹介しよう。

まず、フラストレーション耐性が低い原因は、自分の心の持ち方にあることに気づいた。つまり、**物事が思うようにいかないときに動揺するのは、外部の刺激によるものではない**ということだ。私は心の中でその刺激に反応しすぎていたのだ。

たとえば、好きなレストランで空きテーブルを確保するために30分待たなければならないことがストレスを引き起こしていたのではなく、自分のイライラしやすい性格がストレスの原因だったのだ。

次に、嫌な出来事を10段階で評価することを習慣にした。「1」は「その出来事はまったく無害だ」という評価で、「10」は「非常事態」という評価である。自分の身に起きた出来事をこんなふうに評価することによって、一つひとつの出来事を冷静に受けとめられるようになった。

たとえば、赤信号に引っかかったとき、確かにそれは不都合な出来事だが、交通事故に遭って車が大破するよりはずっとましだ。そんなふうに考えることで、反応がずっと軽くなった。赤信号に引っかかることを前向きに評価することで、よりポジティブな気持ちになれた。

第三に、嫌な出来事に対して何も感じないように心がけた。そうすることで、物事がうまくいかないときに冷静さを失うことが少なくなった。

たとえば、混んでいるとわかっている時間帯に好きなレストランに行ったために、テーブルが空くのを待つはめになったとしよう。だが、何も感じないように心がけることによって、イライラ癖と折り合いをつけられるようになった。

以上の方法を実行したことで、嫌な出来事に対するフラストレーション耐性が高まった。その結果、物事を先延ばしにしなくなり、思いどおりにいかない不満をうまく処理できるようになった。

だからといって自分がストイックだとは思わないが、嫌な出来事のために不安やストレスをあまり感じなくなったのは確かだ。

もしフラストレーション耐性が低くて苦労しているなら、ここで述べた3つの方法を試してみるといいだろう。それが身の回りで起きているあらゆることに対する認識を激変させてくれることに気づくに違いない。

先延ばしの理由

10

どこからどうやって取りかかればいいかわからない

次の3つのシナリオに覚えはないだろうか？

1　仕事が山積していて、ToDoリストにたくさんの項目があり、どの課題もやり遂げられそうにないが、仕事の時間は刻々と過ぎていく。仕事量が多すぎて圧倒され、どこからどうやって取りかかればいいかわからない。そこで先延ばしをする。山積している目の前の課題に取りかかるより、メールをチェックしたほうが簡単だ。

2　重要なプロジェクトをやり遂げる責任がある。その結果は自分のキャリアと社会的地位を大きく左右するだけに、全力を尽くしたいと考えている。しかし、どこからどうやって取りかかればいいのかわからないので、それを先延ばしにする。どんな

ふうにプロジェクトに取りかかるかを決めるより、フェイスブックを閲覧するほうがたやすい。

3　重要課題をやり遂げなければならないが、それをするうえで必要な情報が手元にない。その情報を入手する方法を知っているが、そのプロセスが煩わしいと感じている（たとえば、嫌いな人に助けを求めなければならない、とか）。あるいは、その情報を入手する方法がわからないのかもしれない。

いずれにせよ、行き詰まっている。そこで、先延ばしをする。こんな面倒なことをするより、スマートフォンで最新ニュースをチェックしたほうが簡単だ。

どうやって課題に取りかかったらいいかわからないとき、私たちは注意をそらすものにひかれやすい。たいてい自然の衝動に従って課題を避け、行動を起こすのを遅らせるような活動をする。それによってすぐに満足感が得られることもあるから、その活動の魅力は増大する。たとえばメールチェック、フェイスブックの閲覧、ニュースの見出しの流し読み、ゲーム、ユーチューブの動画視聴といった活動がそれに含まれる。

解決法　ひとつの課題を選んで、とにかく取りかかる

山積している仕事を前にして身動きがとれないなら、最善の策は、とにかく取りかかることだ。ひとつの課題を選んで、それ以外のものをすべて無視しよう。

どの課題を選んでもかまわない。大切なのは行動を起こすことだ。いったん取りかかったら、勢いが生まれることに気づくだろう。最初の課題に取り組んでいるうちに勢いがついて次の課題に取り組むことができ、さらにその次の課題に取り組むことが容易になる。

課題に取りかかる最善の策がわからないという理由で、それを先延ばしにしているなら、さまざまなアプローチにともなう結末を比較検討しよう。特定のアプローチの結末はそんなに深刻ではないのに、大きなトラブルに見舞われると思い込んでいる可能性が高い。

このタイプの先延ばしは失敗の恐怖と関係がある。私たちは悲惨な結末になりそうにないのに、最悪の事態を想像しがちだ。この恐怖は身動きをとれなくさせ、注意をそらすも

のを求めるよう脳に働きかける。ここで気づくべきことは、この恐怖が不合理だということだ。それを入念に調べれば、その恐怖は消える。

課題をやり遂げるのに必要な情報がないなら、それを入手する最もシンプルな方法を見つけ、たとえそのために困難な局面を経験することになっても、それを追求しよう。たとえば、その情報を入手するために嫌いな人の助けを求める必要があるなら、それを受け入れよう。微笑みながら耐えるのだ。できれば、その人と和解するチャンスとして、その機会を活用すればいい。

どこからどうやって取りかかればいいかわからないという不安を感じるのは、恐怖に支配されているからだ。しかし、これは私たちが支配力を持っている証しでもある。行動を起こせば、恐怖は消えて自信がわいてくる。また、脳が不安を避けるために注意をそらすものを求めるのを防ぐことができる。

先延ばしの理由

11

優柔不断

優柔不断は行動力の大敵である。それは身動きをとれなくし、前進できなくさせる。優柔不断を克服しないかぎり、課題をずっと先延ばしにすることになる。

どんな行動をとるにしても、その前にふたつ以上の選択肢からひとつを選ぶ必要がある。こういう状況に直面すると、誰もがそれぞれの選択肢について検討する。これは自然で有益なプロセスである。自分の目標や境遇に最も合致した選択肢を選ぶのに役立つからだ。

しかし、一部の人はここで優柔不断になってしまう。考えてばかりで、そこから抜け出せなくなるのだ。そして、目の前にある複数の選択肢の中からひとつを選べない状態におちいる。優柔不断になってしまうと、行動を起こすのを先延ばしにすることになる。極端な場合、行動を起こすだけの十分な理由がないなら、——たとえば経営者に「首にする」と脅されている、とか——いつまでたっても行動を起こせないままになる。

優柔不断はさまざまな要因によるもので、そのいくつかはすでに見てきたとおりだ。たとえば、よくないほうの選択肢を選んでしまい、うまくいかないことを恐れているのかもしれない（失敗の恐怖）。選択を誤って不完全な仕事をしてしまうことを心配しているのかもしれない（完璧主義）。選択を誤って悪い結果になることを不安に思っているのかもしれない（リスクの回避）。

その原因がなんであれ、優柔不断は必ず先延ばしにつながる。正しい選択をしていると確信できるまで行動を起こすのを遅らせてしまうからだ。もちろん、この状態はいつまでも続くおそれがある。

私はそれを経験的に断言できる。というのは、かつて複数の選択肢からひとつを選ぶことにひどく苦労したからだ。そこで、この問題を解決するために使った効果的なテクニックを紹介しよう。

解決法

「とにかく行動を起こす」と誓う

優柔不断を克服するための最も重要なステップは、**決定をくだすと「決意」すること**だ。複数の選択肢の中で劣った選択肢を選ぶことになったとしても、「とにかく行動を起こす」と誓おう。

とにかく行動を起こすと、よりよい決定をくだすための追加情報を待って課題を先延ばしにしたくなる衝動を抑えることができる。これはいいことである。なぜなら追加情報を本当に必要としていることはまずないからだ。たいていの場合、そうしてしまうのは、複数の選択肢の中から選択するのを先延ばしにしたいからである。それが未知なるものに対する恐怖と不安に対処する私たちなりの方法なのだ。

しかし、この恐怖と不安には正当な根拠がめったにないことを覚えておこう。劣った選択肢を選ぶことの代償はたいてい無視できるほど小さい。一方、恐怖と不安のために決断を遅らせることの代償はかなり大きい。生産性が低下してしまうからだ。

確信が持てなくても「とにかく行動を起こす」と誓うことに加えて、完璧ではない決定をくだすことを受け入れることが重要だ。これは私自身が優柔不断を克服するために使って大きな効果があったテクニックである。**「間違った選択肢を選んだときに起こりうる最悪の事態は何か？」と自分に問いかける習慣を身につけた**のだ。たいていの場合、最悪の事態はそう悪くなかった。せいぜい、理想的な選択肢を選ぶより多少劣っていた程度だ。

たとえば、友人たちの親睦会の幹事をつとめたとき、会場をどの飲食店にするかひどく悩んだものだ。メキシコ料理店と中華料理店とハンバーガーショップのどれにすべきか考えすぎて身動きがとれなくなってしまった。結局、決定を先延ばしにして、予約がとれなくなったことが何度かあった。

しかし、どんな選択をしようと、たいしたことではなかった。起こりうる最悪の事態は、サービスの悪い店に行くか、おいしくない料理を食べるぐらいのことで、それはすべての飲食店にともなうリスクだった。本当に大切なのは、グループの全員が集まって楽しく過ごす機会を持つことだ。どの選択肢を選んでも、それは十分にできることである。

要するに、優柔不断で苦しんでいるなら、行動を起こす習慣を身につけることが大切だ。考えすぎるのはやめよう。どの選択肢を選んだとしても、おそらく想像しているほど悪い事態にはならない。

先延ばしの理由

12

すぐに欲求を満たせる選択肢の存在

何らかの恩恵を今すぐ受けるか将来のどこかの時点で受けるかという選択に迫られた場合、ほかの条件がすべて同じなら、誰もが前者を選ぶだろう。欲求の充足を遅らせる正当な理由はどこにもないからだ。

たとえば、100ドルを今日と1年後の今日のどちらかに渡すと言われたら、誰もがそれを今日ほしがるだろう。

もちろん、人生がそんなに単純明快であることはめったにないが、この傾向はほとんどの人にだいたい当てはまる。

たいていの場合、短期的欲求の充足とは、あとでより大きな利益を得る代わりに今すぐより小さな報酬を受け取って満足することを意味する。たとえば、一気に買い物をして1

000ドルを使ったとしよう。確かにそれによって短期的欲求を満たすことができる。だが、もしその1000ドルを投資に回していたら、長期的に見ると莫大な金額になるかもしれず、定年後、はるかに大きな利益をもたらす可能性がある。

短期的欲求の充足を選ぶことは、ときには将来の目標を遠ざけることになる。たとえば、痩せたいと思っていて、不健康な食生活を控える決意をしたとしよう。しかし突然、おいしそうなドーナツを食べたいという誘惑に駆られる。この誘惑に屈すれば、すぐに欲求を満たすことができる。おいしいものを食べて幸せな気分になれるからだ。ただ、そうすることによって、スリムになってスタイルをよくしたいという将来の目標は遠ざかる。

多くの人にとって、短期的欲求の充足は、課題を避けるための方策である。つまり、すぐに欲求を満たしたいという思いで決定をくだしているとはかぎらないということだ。むしろ、私たちが決定をくだすのは、そうすることで別のことに対して行動を起こすのを先延ばしにすることができるという意味合いがある。

たとえば、庭の草刈りをするつもりだとしよう。ところが、その作業が嫌で仕方ないので、それを先延ばしにする方法を探す。そこで、その目的を果たすために、草刈りをするよりテレビを見ていたいという誘惑に駆られるかもしれない。

この場合、好きなテレビ番組に魅力を感じているのではない。この際、どんなテレビ番組が見られるかは関係ない。**本当の報酬は、困難な課題を避けられる**ことだ。

取り組むべき課題を避ける方法として、短期的欲求の充足を追い求める方法について考えてみよう。たとえば、フェイスブックを閲覧し、ユーチューブで動画を見て、ブログを読み、メールをチェックし、アマゾンで買い物をし、友人にメッセージを送るのがそうだ。

それらの気晴らし自体は問題ではない。本当の問題は、課題を先延ばしにするためにそういったことをしがちだということだ。

解決法　短期的欲求の充足を遅らせる

短期的欲求の充足はドラッグに似ている。いったんそれを経験すると、何度も繰り返したくなるからだ。それはやがて習慣になり、依存症になりやすい。

それはすぐにわかるかもしれない。ふだん短期的欲求の充足のために課題を先延ばしにしがちなら、その習慣は脳の中に刻み込まれている可能性が高い。その場合、そういう決定をくだすことが本能のようになっているはずだ。

この習慣を改め、短期的欲求を満たすより課題をやり遂げるために行動を起こす方法を紹介しよう。

まず、先延ばしの結末について考えてみよう。先延ばしによって不十分な仕事をすることになるかもしれない。締め切りに間に合わなくなるかもしれない。課題の先延ばしが積み重なるとストレスが増大し、圧倒されるような感覚につながるかもしれない。

長期的な結末を無視してしまえば、先延ばしはたやすく正当化できる。短期的欲求を満たそうとする傾向は、衝動に抵抗する能力と関連している。衝動があまりにも強いので、それに抵抗することは不可能に思えるかもしれない。

しかし嬉しいことに、その衝動はコントロールできる。**そのカギは、徐々に始めて規律を身につけていくことだ。これがふたつ目のテクニックだ。**

たとえば、SNSをチェックして課題を先延ばしにしがちなら、指定したサイトへのアクセスをブロックするためにウェブサイトブロッカー（例 SelfControl、Freedom、HeyFocusなど）を使って、一回に30分、フェイスブックやX（旧ツイッター）をブロックしよう。毎週、そのブロックの時間を徐々に伸ばしていけばいい。

三つ目のテクニックは、衝動の元を断つことだ。たとえば、SNSのアプリをスマートフォンから排除しよう。時間の浪費につながる好きなウェブサイトのブックマークをブラウザーから排除しよう（いちいちURLを入力しなければならないなら、たぶんウェブサイトにアクセスする機会が少なくなる）。課題を先延ばしにするためにテレビを見ているなら、リモコンを手の届きにくい不便な場所に置くといい。

第四に、報酬制度をつくろう。短期的欲求の充足を遅らせて行動を起こすたびに自分に報酬を与えるのだ。

ある友人はポイントシステムを使っている。成功するたびにポイントを加算し、失敗するたびにポイントを引くやり方だ。一定のポイントがたまれば、新しいCDを買ったりコンサートに行ったりして自分に報酬を与えるようにしているという。

短期的欲求の充足を遅らせることができれば、課題を先延ばしにすることは少なくなる。このテクニックは衝動をよりコントロールするだけでなく、生産性を高めてストレスをやわらげるのに役立つ。

先延ばしの理由

13

行動を起こさなくても、ただちに罰せられるおそれがない

子どものころ親に部屋をきれいにするように言われたときのことを思い出そう。言いつけを守らなかったら、何らかの罰が待ち受けていたはずだ。たとえば、外出して友達と遊ぶことができない、テレビを見させてもらえない、好きなビデオゲームで遊ばせてもらえない、などなど。

こういう罰があることがわかっていたから、素早く部屋をきれいにしたに違いない。行動を起こさなければ罰を受けることを知っていたので、すぐに行動を起こしたのだ。

これは思い出すべき重要な教訓である。現在、多くの人が課題を先延ばしにするのは、罰を受けることがめったにないからだ。親や教師はもう命令してこないし、上司は指示を与えて締め切りを設定するだけで、そのあとは私たちの裁量に任される。

これは自由な雰囲気で魅力的だが、危険をともなう。先延ばしの常習者にとっては、特

にそうだ。ただちに罰を受けないなら、すぐに欲求を満たすために課題を先延ばしにしやすい。

たとえば、1週間後にプレゼンテーションをするという課題を上司から与えられたとしよう。今日それを先延ばしにしても、ただちに具合の悪い事態が生じるわけではない。翌日や翌々日にも具合の悪い事態は生じないだろう。1週間の余裕があるのだから、今すぐに行動を起こさなくても、何らかの弊害が生じるわけではない。そこで、しばらくネットサーフィンをし、ニュース記事を読み、ユーチューブの動画を見るなどして時間を浪費する誘惑に駆られるかもしれない。

言い換えると、ただちに罰を受けるおそれがないなら、課題を先延ばしにしてしまいやすいということだ。

しかし皮肉なことに、先延ばしは常に代償をともなう。その多くはかなり大きな代償だ。それについては「先延ばし癖の公私にわたる代償」という項で説明した。罰を免れそうだという理由で行動を先延ばしにすることを正当化するのは見当違いだし、視野が狭すぎる。いつまでたっても行動を起こさないなら、公私にわたって重大な悪影響がおよぶおそれがある。

私は痛い目にあってその教訓を学んだ。実際、それが身にしみてわかるようになるまで、何度も学ばなければならなかった。先延ばしの常習者だったころ、罰を受けることはないと高をくくり、いつも課題を先延ばしにしていた。先延ばしの代償は微々たるものだと軽く考えていたのだ。

しかし、そういう姿勢は完全に間違っていた。無知だったために、公私にわたって大きな代償を払うはめになった。

最後に、読者を励ますためにポジティブなことを書いて締めくくろう。私はもはやかつてのような先延ばしの常習者ではない。先延ばし癖という「怪物」を手なずけることに成功した生き証人だからだ。その方法をパート2で紹介しよう。

ただしその前に、先延ばし癖の度合いを測定するための簡単な抜き打ちテストをやってみてほしい。

抜き打ちテスト
あなたは先延ばしの常習者か？

誰もがすべきことを先延ばしにすることがある。ここで大切なのは、何らかの状況でどの程度それをしがちかということだ。人生に悪影響をおよぼすぐらいだろうか？

一部の人は先延ばしの常習者であることを自覚し、それをすすんで認める。彼らはこの問題を認識しているのだ。一方、課題を頻繁に先延ばしにするが、「行動を起こさなくても問題はない」とか「自分の力ではどうしようもない」と思い込んでいる人もいる。頻繁に課題を先延ばしにしていることから目をそむけているのか、先延ばしの誘惑に打ち勝つ力を持っていることに気づいていないのか、どちらかである。

では、先延ばし癖の度合いを測定するために、次の15の質問について5段階で評価しよう。「1」が「まったく当てはまらない」で、「5」が「ぴったり当てはまる」である。それぞれの数字を足してみよう。

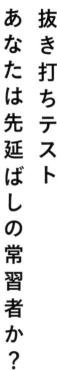

		まったく当てはまらない ⟷			ぴったり当てはまる
1	締め切りに間に合わせるために、大あわてで課題に取り組むことがよくある	1	2	3	4	5
2	完成までに要する時間をしょっちゅう間違える	1	2	3	4	5
3	翌日まで課題を延期しがちである	1	2	3	4	5
4	つまらなそうな課題に直面すると、もっと興味深く取り組める課題を探す	1	2	3	4	5
5	予定より何日も遅れて課題に取りかかることがよくある	1	2	3	4	5
6	締め切りがずっと先なら、ギリギリになるまで課題に取りかからない	1	2	3	4	5
7	作業をすべきときに空想にふけっていることがよくある	1	2	3	4	5
8	困難な課題に直面すると、ＳＮＳやメールに関心が行きがちである	1	2	3	4	5
9	会議や予約、行事によく遅刻する	1	2	3	4	5
10	作業空間がいつも散らかっている	1	2	3	4	5
11	日々のＴｏＤｏリストをすべてやり遂げたことがない	1	2	3	4	5
12	メールボックスに未返信のメッセージがたまっている	1	2	3	4	5
13	請求書の支払いが遅れがちだ	1	2	3	4	5
14	好きなフレーズは「明日やればいい」である	1	2	3	4	5
15	この抜き打ちテストを先延ばしにして、少なくとも１回は別のことをした	1	2	3	4	5

以上の質問に対する自己評価の結果を集計しよう。

15～30ポイント　先延ばしの問題を抱えていない。たまに何かを先延ばしにするかもしれないが、その程度なら誰もがときおりすることで、たいてい意欲を燃やし、主体的に課題に取り組んでいる。

31～45ポイント　ある程度の先延ばし屋だ。先延ばし癖のせいでうまくいっていない分野があるに違いない。だが、作業量に圧倒されずに、たいてい行動を起こしている。

46～60ポイント　先延ばし癖がふだんの生活の一部になっている。困難な課題や退屈な課題に直面したときは特にそうだが、すぐに注意が散漫になってしまう。困難な課題や退屈な課題を避けるために、いつもそれを先延ばしにしている。締め切りの直前になって課題に取りかかるので間に合わないことがある。

61～75ポイント　先延ばしの常習者だ。会議や予約にはいつも遅刻し、しかも準備ができていない。いつもギリギリになって課題に取りかかる。締め切りに間に合わせるために必死になって取りかかるが、たいてい間に合わない。先延ばしにした課題に圧倒されているため、ストレスのレベルが半端ではない。

スコアが30ポイント以下なら、たぶん本書を読む必要はないが、何らかの課題を後回しにするために本書を読んでいるなら、このまま読み進めてほしい。

スコアが31〜60ポイントなら、本書に大きな価値を見いだせるだろう。パート2で紹介する21のテクニックは、生涯にわたって役に立つはずだ。

スコアが61ポイント以上なら、多少の困難が待ち受けているかもしれない。先延ばし癖はふだんの生活に深く根差しているからだ。先延ばし癖を改善しようとすると、心の中で大きな葛藤を抱えることになるが、強い決意と精神力があれば、確実に成果をあげることができる。

パート2で何が学べるか

あなたは今、自分が課題を先延ばしにする理由に気づいた。先延ばし癖が人生に悪影響をおよぼしていることも知った。

そこでパート2では、先延ばし癖の改善に役立つ効果抜群の方法を紹介しよう。

パート

2

先延ばし癖を改善する21のテクニック

パート2には、先延ばし癖の改善に役立つ画期的なテクニックが満載されている。ここで紹介するのは、私自身が「内なる先延ばし屋」に打ち勝つために使って効果があったテクニックばかりで、あなたにも役立つこと請け合いである。

それらのテクニックを実行しようという意思を持たずに流し読みしたくなる誘惑に駆られるかもしれないが、それをしてはいけない。書かれている順番に、ひとつずつ丹念に読むことをおすすめする。ひとつのテクニックを読み終えるたびに、少し時間をとり、それをふだんの生活にどう応用するか考えてみよう。毎日、それを実行している様子をイメージし、そうすることがどのように先延ばし癖の改善に役立つか想像しよう。

どのテクニックもすぐに実行することができる。いったんパート2を読み終えたら、毎週ひとつずつ生活に取り入れてみよう。

とはいえ、あせる必要はない。それぞれのテクニックを習慣にするために時間をとろう。すべてのテクニックを実行し終えるころには、「内なる先延ばし屋」はもう二度と付き合いたくない過去の知人のようになるはずだ。

では、最初のテクニックから説明しよう。

テクニック

1

まずカエルを食べる

大嫌いな課題を含むＴｏＤｏリストを抱えながら、一日のスタートを切る様子を想像しよう。それは、取りかかる以外に選択肢がない場合を除いて、できることなら先延ばしにしたい面倒な課題だ。

私の場合、洗濯が大嫌いだった。クローゼットがほとんど空っぽになり、バスケットがいっぱいになるまで、いつも洗濯を先延ばしにしていた。外出時に着る清潔な衣服を確保する唯一の方法が、大量の洗濯をすることだった。

そこでこの習慣を改善するために、朝一番に洗濯をすることにした。ＴｏＤｏリストからこの項目を消すと気分がとてもよくなった。また、リストのほかの項目は洗濯よりずっと簡単――少なくとも、より楽しい――と感じた。

作家のマーク・トウェインはこの習慣を「カエルを食べること」と呼んでいた。彼は「もしカエルを食べることが仕事なら、それを朝一番にやり遂げるのが最善の策だ」と言っている。

トウェインは楽しそうではない課題を「カエル」と呼んでいた。興味がわかない課題のことで、しっかり対処するまで暗雲のように目の前に漂い続ける。それを先延ばしにすればするほど、より多くのストレスを感じる。

「カエルを食べること」を後回しにしたいと思うのは当然のことだ。できれば一日の終わりに対処したいと思っていることだろう。だが、それは最悪の対処策だ。長引いてストレスの原因になるばかりか、それに対処するエネルギーが減ってしまう。その結果、取りかかるのがますます困難になり、結局、翌日まで先延ばしにしやすい。

だから、「カエル」にはできるだけ早く対処する必要がある。さっさとそれを片づけてしまおう。そうすると驚くほど気分がよくなるはずだ。それは達成感を与えてくれるし、そのあとの時間を快適に過ごすことができる。

では、もし複数の困難な課題がＴｏＤｏリストに含まれていたらどうしたらいいか？その場合、マーク・トウェインのもうひとつのアドバイスを実行することをおすすめしたい。

「２匹のカエルを食べることが仕事なら、より大きいほうを先に食べるのが最善の策だ」

カエルのうちの一方は他方より興味がわかないはずだ。まずそれを片づけよう。そしてその直後にもう一方のカエルに対処すればいい。

たとえば、前述のとおり私は洗濯が大嫌いだが、浴室の掃除もどちらかと言うと嫌いだ。大切なのは、どちらがより嫌いかということだ。もしふたつの課題がＴｏＤｏリストにあれば、私はまず洗濯をすませる。

テクニック

2

とりあえず10分間だけやってみる

課題はたいてい実際より面倒なものに感じられるが、困難そうな雰囲気は幻影にすぎない。つまり、それは私たちの想像の産物なのだ。

私の経験では、**最大の試練は、困難そうに感じられる課題をやり遂げることではなく、それに取りかかることである。いったん取りかかりさえすれば、どんなに面倒な課題でも続けることは簡単になる。**

たとえば、トレーニングをするためにジムへ行くことを考えているとしよう。問題は、それをするだけのモチベーションがわいてこないことだ。トレーニングウェアを用意し、ジムまで行き、トレーニングをして帰宅すると、1時間以上かかる可能性がある。そう考えると、それは非常に面倒な課題だ。

そこで、「ジムには明日行けばいい」と自分に言い聞かせてしまう。

しかし、とりあえず10分間だけやってみれば、――たとえばトレーニングウェアを用意してジムに向かう――それを続けるのはずっと簡単になる。勢いをつけることができるからだ。いったんジムに到着したら、ほぼ確実にトレーニングに励むことになる。

課題について考えるとき、その全体像に圧倒されてはいけない。単に最初のステップに意識を向けるだけでいいのだ。とにかく最初の10分だけにフォーカスしよう。

たとえば、庭の草刈りを先延ばしにしているなら、その作業に要する約1時間について考えてはいけない。草刈り機をガレージから取り出して第一歩を踏み出すだけでいいのだ。

プレゼンテーションの準備を先延ばしにしているなら、プレゼンテーション全体について考えてはいけない。適切なソフトウェアをパソコンにインストールし、プレゼンテーションに必要な資料を集めることにフォーカスしよう。

職場の片づけを先延ばしにしているなら、そこをごみひとつない完璧な場所にしようと考えてはいけない。職場のごく一部を片づけることにフォーカスしよう。

言い換えると、とりあえず10分間だけやってみるということだ。いったん始めれば、続けるのがいかに簡単であるかがわかるだろう。

私がこのテクニックを使うのは、新しい本を書き始めるときだ。白紙のページを文字で埋める作業はとてもきつい。まるで高い山を目の当たりにして絶壁を登る計画を立てるような気分になる。

そう考えると、書き始めるのは非常に困難になる。だが、とりあえず10分間だけ書いてみると、それを続けるのは難なくできる。

私の言葉をうのみにする必要はない。ぜひこのテクニックを試してみてほしい。今度も少し大きな課題を先延ばしにしていることに気づいたら、その完了に向けて第一歩を踏み出すことにフォーカスしよう。とりあえず10分間だけ取りかかろう。おそらくそれをやり遂げること、少なくともそれに取り組むことが、想像していたよりずっと簡単であることに気づくに違いない。

テクニック

3 自分に褒美を与える

私たちは魅力を感じない課題を先延ばしにする傾向がある。もしほかの選択肢がより多くの満足やより手っ取り早い満足をもたらすなら、そうするようにできているのだ。たとえば、私たちは間近に迫っているテストの勉強をすることより友人と一緒に外出することを選ぶし、車を洗うことよりテレビを見ることを選ぶし、ジムに行くことより買い物に出かけることを選ぶ。

しかし、もしToDoリストのすべての項目を楽しくやり遂げることができたらどうだろうか？　あなたにはそれができる。合理的な報酬制度をつくって活用すればいいのだ。

報酬制度は行動に大きな影響をおよぼす。それは行動を起こすのを容易にし、よい習慣を身につけるのに役立ち、誇りに思えるレベルで作業をすることを可能にする。そのカギは、一日を通じて頑張れるシステムをつくることである。

それをする方法はたくさんあるが、自分に最も合うやり方を見つけることが重要だ。「すぐに欲求を満たせる選択肢の存在」という項で、私の友人が利用している独自のポイントシステムを紹介した。彼は自分の行為にもとづいてポイントを足したり引いたりして、たまったポイントに応じて新しいCDやコンサートのチケットの購入のように楽しいことにお金を使っている。それは報酬制度をうまく活用する独創的な方法であり、彼の人生に大きな恩恵をもたらしている。

もうひとつの方法は、退屈な課題のあとで楽しい活動が待っているように一日の予定を組むことだ。そのコツは、先延ばしにしたくなる課題と金銭的か精神的な報酬が得られる活動をマッチングさせることである。

たとえば、次のようなToDoリストを抱えているとしよう。

■自宅のトイレを掃除する
■食料品店に買い物に行く
■請求書の支払いをする
■ジムで運動をする
■職場を片づける

以上の課題のいくつかは、魅力がないかもしれない。たとえば、請求書の支払いは気が進まないかもしれないが、トイレ掃除ほどは不快ではないだろうし、ジムに行くことに比べたら時間も労力もかからない。

そこで、それぞれの課題に対する嫌悪感の度合いに応じて報酬を選ぼう。たとえば、請求書の支払いは10分しかかからないかもしれないから、好きなブログを3分間読んでもいいという報酬を自分に与えよう。

一方、自宅のトイレ掃除は30分かかるかもしれない。そこで、それに対してはより楽しめる報酬を自分に与えよう。たとえば、トイレ掃除をすませたら、面白い小説を30分読むようにするといい。

楽しい課題を報酬として使うこともできる。たとえば、家族のためのゲームを用意し、好きなレストランを予約し、友人の誕生日パーティーを準備するといいかもしれない。それらの課題を報酬として予定に入れるといいだろう。

その結果、先ほどのＴｏＤｏリストはこんなふうになる。

■自宅のトイレを掃除し、その報酬として面白い小説を30分読む
■食料品店に買い物に行き、その報酬として家族とゲームをする
■請求書の支払いをし、その報酬として好きなブログを3分間読む
■ジムで運動をし、その報酬として友人の誕生日パーティーを準備する
■職場を片づけ、その報酬としてテレビを30分見る

できれば、課題をやり終えた直後に報酬を楽しもう。そうすれば、いつも何かを楽しみにすることができる。

もちろん以上のリストは具体例にすぎない。課題と報酬で構成されるあなたの楽しいToDoリストは私のものとは異なるだろう。それはあなたが成し遂げる必要のあることだけでなく、個人的に楽しめる活動を含んでいる。

嬉しいことに、合理的な報酬制度は先延ばし癖を改善して行動を起こさせる効果的な起爆剤になる。

テクニック

4

一日の予定表を埋める

課題を先延ばしにするための最も確実な方法のひとつは、自分にあまりにも多くの自由時間を与えることだ。私はそれを経験的に断言できる。もしＴｏＤｏリストに3つの課題があり、すべてを2時間以内にやり遂げられるなら、残りの時間はいろいろなことをして気を紛らわせ、ほかの課題を先延ばしにすることになる。

もちろん、それだけの余裕があるなら、そういう計画を立ててもいいだろう。たとえば、正午まで仕事をして、そのあとはのんびり過ごすつもりかもしれない。**大切なのは、実際にそういう計画を立てているかどうかだ。**

しかし、前述した状況では、そういう計画が存在しない。丸一日の仕事をするつもりだが、予定表には自由時間がたくさんある。ほとんどの人は、一日の終わりまでにやり終える必要のあるいくつかの課題に対して行動を起こすのを先延ばしにするだろう。

そこで、ひとつのシンプルな解決策は、**一日の予定表をぎっしり埋める**ことである。それはこんな具合だ。

一日の労働時間が午前8時から午後5時（1時間の昼休みをはさむ）までの8時間だとしよう。ところが、ToDoリストには3つの課題しかなく、それらをすべてやり遂げるのに2時間しかかからないことが経験的にわかっている。

すると6時間の空き時間があることになる。この時間を、やり遂げる必要のあるほかの課題で埋めるのだ。

そのためには、少なくともふたつのToDoリストを用意すべきである。ひとつは、その日の課題のリストで、もうひとつは今後数週間から数カ月でやり遂げる必要のあるすべての課題を含めた「マスターリスト」だ。（理想的には、内容に応じていくつかのリストを準備すべきだが、ここでは便宜上、ふたつのリストで十分である。）

マスターリストに目を通して、6時間の空き時間に取り組むことのできる課題を見きわめよう。

ひとつのやり方は、それらの課題を日々のToDoリストに加えることだが、それらをさらに日々の予定表に加えよう。そうすれば、それぞれの課題に一定の時間を割り振ることができる。予定表は、一日のどの時間帯に何に取り組むべきかを示している。それは先延ばしではなく前進を続けるように促す原動力になる。

この練習のために、シンプルで直感的で自由な形式のグーグルカレンダーをおすすめするが、ほかにも多くの選択肢がある。

覚えておくべき最も重要なポイントは、自分に与える時間が少なければ少ないほど、課題を先延ばしにする可能性が低くなるということだ。だからもし先延ばし癖で悩んでいるなら、日々の予定表を埋めるといいだろう。

テクニック

5

課題の優先順位をつける

一部の課題は非常に大きな影響力を持っている。仕事や収入、結婚生活などの分野で私たちの将来を左右するくらいだ。しかし、ほかの課題は重要に見えるだけで、実際にはあまり影響をおよぼさない。それらは長い目で見ると私たちに最小限の影響力しか持たないのだ。

優先順位があいまいだったり不適切だったりすると、かぎられた時間の使い方を間違ってしまいやすい。小さくて取るに足りない課題に注目し、より大きくて重要な――たいていより難しい――課題に意識を向けようとしないからだ。

その原因は先延ばしである。**私たちはより小さくて簡単な課題にフォーカスすることによって、より大きな重要課題を後回しにしやすい**のだ。

たとえば、仕事のプレゼンテーションの準備を先延ばしにして職場の片づけをする。ジムでの運動を先延ばしにしてメールのチェックをし、友人に折り返し電話をする。家の掃除を先延ばしにして、パーティーのプレゼントを買いに行く。

言い換えると、私たちは大切なことを先延ばしにして、些細なことに注意を振り向ける傾向があるのだ。**自分では多くのことをやり遂げているつもりでも、重要課題は手つかずのままになっている。**

この問題を解決するには、ＴｏＤｏリストの項目に優先順位をつけるといい。どの課題が重要で、どの課題が重要でないのか、そしてその理由を明確にしよう。有意義な項目とそうでない項目を区別しよう。

課題の優先順位をつける方法はたくさんある。たとえば、1から5までランク分けする方法もある。「1」は優先度が高く、「5」は優先度が低い。A、B、Cという文字を使う方法もある。また、ＴｏＤｏリストをオンラインで管理する方法もあり、それぞれのアプリで優先順位をつける。私自身がそうで、「Ｔｏｄｏｉｓｔ」というアプリを使って、赤、橙、黄という3色を使って課題の優先順位をつけている。

とはいえ、優先順位をつける方法よりも、実際に優先順位をつけるほうが重要だ。数字や文字、あるいはそれ以外のどの方法を使うかは重要ではない。重要なのは、**ＴｏＤｏリ**

ストにある各項目の優先順位を明確にし、しかも自分の目標を推進するような方法でそれをする習慣を身につけることだ。

ビジネスパーソン、起業家、フリーランサー、自宅で働く人、学生のどれであれ、これは非常に重要な習慣であり、あらゆる分野の成功者が物事を成し遂げるために使っているテクニックだ。

目標をもとに優先順位をつける

目標達成に向けて優先順位をすでに把握していることだろう。自分にとって何が重要かわかっているはずだ。もしそうなら、すでに戦いの半分に勝利していると言える。あと残っているのは、1から5、AからC、赤の旗、橙の旗、黄色の旗というように優先順位をつけることだ。

しかし、まだそこまでいたっていないならどうすればいいのだろうか？　優先順位が明確でないならどうすべきか？　その場合、より多くの作業が待っているが、心配する必要はない。それは簡単だし、楽しめる可能性がある。

まず、椅子に座ってペンと1枚の紙を用意し、次の3つの欄を作成しよう。

1　短期目標
2　中期目標
3　長期目標

次に、それぞれの欄に、達成したい目標をすべて書きとめよう。たとえば、短期目標として「車を洗う」と書き、中期目標として「小説を書く」と書き、長期目標として「60歳でリタイアする」と書くかもしれない。

目標がたくさん書かれたこの1枚の紙は、歩むべき道筋を教えてくれる。それを使って、日々のToDoリストに登場するすべての課題の重要性を検証しよう。何らかの目標を達成するのに役立つかどうかを基準にして、各項目の優先順位をつけよう。

ToDoリストにあるすべての項目が重要に思えたら、どうやって課題の優先順位をつければいいだろうか？　まず、それぞれの項目が本当に重要なのか自問しよう。どれも重要に見えるかもしれないが、本当にそうだろうか？　いくつかの課題は優先順位を下げたほうがいいのではないか？　よく考えてみれば、以上の質問に対する答えはたいてい「イエス」であることがわかる。

次に、重要課題と緊急課題を区別しよう。重要課題は目標の達成に近づくのに役立つが、緊急課題は直近の注意を必要としているだけで、目標の達成には必ずしも影響しない。

ところが私たちは重要課題には取り組まず、緊急課題に取り組むためにすべての時間を費やしてしまいやすい。そこで重要かつ緊急な課題に意識を向けよう。さらに、緊急でなくても重要な課題に取りかかろう。そして、そのほかのすべてのことは誰かに任せるか、断るか、後回しにしよう。

ToDoリストにある各課題に優先順位をつけることは、その課題の目標を明確にするのに役立つ。優先度の高い課題を見きわめ、それが自分にどのような影響をおよぼすかを理解すれば、先延ばしの誘惑に駆られにくくなる。

テクニック

6

日々のＴｏＤｏリストは7項目までにする

ＴｏＤｏリストはたいてい長すぎる。そこにある課題が多すぎるのだ。その結果、大半の課題が手つかずになり、一日の終わりになってもやり遂げられない。そこで、それらは翌日に持ち越すか、未来のいつかに予定を入れなければならなくなる。

終わっていないＴｏＤｏリストはモチベーションを下げる。それは自信を失わせ、自尊心を傷つける。一日の終わりになってもリストに残っている課題が多ければ多いほど、その影響は大きくなる。

この問題は先延ばしの可能性を高めることになる。一日の終わりに長いＴｏＤｏリストを見ると、圧倒されてしまい、やり遂げていない仕事の山に埋もれる。ストレスがたまるので、時間の最適な割り振り方に関してよい決定をくだすのが困難になる。

私もその一人だが、多くの人は「シャットダウン」することによってこの苦境に対処しようとする。つまり、身動きがとれなくなってしまうのだ。しかし、それでは未解決の課題がたまる一方だから、事態が悪化するだけである。

その解決策はいたってシンプルで、日々のＴｏＤｏリストを短縮すればいいのだ。**日々のＴｏＤｏリストは7項目が限界である。**それを超えると、一日の終わりにやり遂げられていない項目が出てくるおそれがある。少なくとも私の経験ではそうだ。

しかし、7項目までならなんとかなる。ＴｏＤｏリストが適度に短いので不可能に見えないからだ。また、課題の数を限定することによって、検討すべき選択肢を減らすことができる。

その結果、重要課題にフォーカスすることができる。

モチベーションが欠如していようと、圧倒されて身動きがとれなくなろうと、フォーカスすべき課題が減れば、先延ばしの可能性は低くなる。

ＴｏＤｏリストを短縮する効果

最近、私は3項目しかないＴｏＤｏリストで実験した。毎晩、自分の「マスターリスト」をチェックして、翌日に取り組む必要のある３つの課題を選んだのだ。課題の数は３つまでである。

私にとって、自分の予定を埋める課題を選ぶことが大切だ。８時間働くつもりなら、私が選ぶ３つの課題は、すべてやり遂げるのに８時間かかるものにしている。そうでなければ、グズグズして時間を浪費しかねない（テクニック４「一日の予定表を埋める」を参照）。

これまでのところ、この実験で興味深い結果が出ている。毎日、ＴｏＤｏリストをやり遂げることができ、とてもいい気分になるのだ。しかも3項目しかないときは、より多くの項目がリストにあるときと比べて、より短時間でやり遂げられることを発見した。

たとえば、昨日のＴｏＤｏリストには、「２０００ワードを書く」という項目が含まれていた。この課題が長いＴｏＤｏリストにあると、それをやり遂げるには約5時間かかる（私は書くのが遅い）が、リストに3項目しかないときは、その課題を3時間でやり遂げることができる。

この効果はたぶん心理的なものだと思う。ＴｏＤｏリストを短縮したからといって、書く技術が向上するわけではないが、集中力が高まってストレスがやわらぐのは確かだ。しかもそれによって意欲がわき、注意をそぐものを無視し、気持ちよく作業に没頭する状態に入ることができる。

ＴｏＤｏリストの短縮はあなたにも同様の効果をもたらすに違いない。実際に試して効果を体験してほしい。

テクニック

7

取り組む時間を制限する

私も含めて多くの人にとって、困難な課題をやり遂げる秘訣は、**より多くの時間を費やすことではなく、取り組む時間を制限すること**である。時間を制限することが怠け癖をなおすことにつながる。課題に取り組む時間を制限すれば、それをやり遂げるために集中しやすくなる。

たとえば、今、大学生で、来週、嫌いな学科の試験を控えているとしよう。時間を制限しなければ、勉強を始めるモチベーションはほとんどわいてこないし、たとえ教科書を開いて授業の復習をしようとしても、時間を浪費してしまう可能性が高い。

では、もしあなたの時間が制限されていればどうなるか考えてみよう。もしテスト勉強のために45分しかないなら、ふたつのことが起こりえる。

1　集中力が高まる。使える時間が45分しかないなら、注意をそらすものに誘惑されにくくなる。

2　行動を起こしたくなる。勉強時間が45分なら、終わりがはっきりわかる。終わりがはっきりわかっていれば、勉強に本腰を入れることができる。

パーキンソンの法則によると、作業は、それを完了させるために充てられる時間いっぱいかかる。だから、もし作業の完了のために2時間を充てるなら、それを完了させるのに2時間かかるだろう。だが、充てる時間を90分に制限すれば、おそらくその時間内に作業を完了させることができる。

この原理を念頭に置いて、ToDoリストのすべての項目に制限時間を設定しよう。そうすることによって、それぞれの課題の段取りを決めることができる。また、課題の期限が明確になるし、いつまでそれに取り組むかを把握することができる。

次に、自分に課した制限時間を短縮しよう。もし課題を完了するのに2時間かかると想定していくなら、それを90分に短縮しよう。もし課題を完了させるのに20分かかると想定しているなら、それを15分に短縮しよう。

言い換えると、パーキンソンの法則を応用するということだ。

このシンプルな習慣を実行すれば、どんなに困難な課題でも先延ばしにする可能性が低くなる。脳は終わりが見えていることをするのが楽しいからだ。終わりが見えているとき、脳はすぐに行動を起こすことに抵抗を感じにくくなる。

テクニック 8

誰かに締め切りを設定してもらう

誰でも自分で締め切りを設定することができる。私たちは頻繁に締め切りを設定し、それを守ろうとするが、さまざまな理由でしくじりがちだ。当然、度重なる失敗は後ろめたさにつながる。また、予定が遅れるとストレスがたまる。

そこで、このことを知っておこう。まず、そういう問題を抱えているのはあなただけではない。次に、それには解決策がある。

2002年、ダン・アリエリーとクラウス・ヴァーテンブロッホという2人の心理学者がマサチューセッツ工科大学の学生を対象に、異なるタイプの締め切りの効果を検証する研究をおこなった。

彼らは学生たちをふたつのグループに分けた。最初のグループは、決められた締め切りまでに3つのレポートを提出するように求められた。2番目のグループは、自分で設定した締め切りまでに3つのレポートを提出するように求められた。

2番目のグループに対してはいくつかのルールがあった。すなわち、最後の授業の日までに3つのレポートをすべて提出すること、自分で設定した締め切りを担当教官にあらかじめ知らせておくこと、あとで締め切りを変更できないことである。

2人の心理学者はその実験がどんな展開になるか見守った。

彼らは2番目のグループが最後の授業の日までにレポートを提出すると予想していた。学生たちはレポートを早めに提出してもいいし、最終日まで待ってもいいのだから、かなり柔軟に対処できる。それは彼ら次第だった。

ところがそうはならなかった。驚いたことに、2番目のグループの75%は学期末より1週間前、4週間前、6週間前というふうに早めに締め切りを設定したのだ。

つまり、2番目のグループの大半は自分がグズグズしやすいことを想定していたのである。学生たちはより早めに締め切りを設定しておけば、その傾向を弱められると考えたのだろう。

ところが、これまたそうはならなかった。自分で締め切りを設定した学生たちのグループは、レポートの提出が遅れがちだったのだ。

2人の心理学者は「自分で締め切りを設定するとパフォーマンスが低下する」と結論づけた。つまり、誰かに締め切りを設定してもらったほうがパフォーマンスを高めやすいということだ。

彼らはふたつ目の実験をして、その発見を確認した。この実験では、自分で締め切りを設定した学生たちはレポートの提出を遅らせる確率がより高かっただけでなく、自分のミスを見つけにくかった。

では、自分で締め切りを設定することが先延ばしのリスクを排除できないとすれば、誰に締め切りを設定してもらえばいいのだろうか？　どうやってその人たちに手伝ってもらえばいいのだろうか？

誰かに締め切りを設定してもらう方法

どんな方法を選ぶかは、あなたの置かれている状況による。大学生なら担当教官がレポートの提出期限を設定してくれるだろう。だが、もし担当教官がレポートの提出期限は学生が自分で決めるべきだと考えているならどうすればいいか？

その場合、自分で決めると課題を先延ばしにしやすいので、提出期限を設定してほしいと担当教官に申し出るといい。担当教官に提出期限を設定してもらって、それが守れないと何らかの罰則があるほうが行動を起こすきっかけになると説明するのだ。

もし会社員なら、同じテクニックを使うことができる。上司が課題を割り振って、自分で期日を決めるように言ってきたら、期日を設定してくれるように上司に頼もう。そのほうがやる気が出て、期日までに課題をやり遂げるのに役立つと説明するといい。

では、起業家やフリーランサーならどうすべきか？　課題を指定してくる教官も上司もいない。そこで、起業家なら信頼できるパートナーを見つけよう（テクニック10で詳しく説明する）。フリーランサーならクライアントに適切な期日を設定するように頼むといい。

このテクニックはプライベートでも効果を発揮する。たとえば、家族の休暇を計画しているとしよう。航空券を購入し、ホテルの部屋を予約し、現地での日々の予定を立てるための期限を配偶者に設定してもらうといい。

ほとんどの人はそんなことくらい自分でできると高をくくっているが、研究によると、この点については誰かに手伝ってもらったほうがいいことが明らかになっている。ぜひこのやり方を試すといいだろう。「内なる先延ばし屋」を手なずけるのに役立つはずだ。

テクニック

9

一日の中でエネルギーのレベルがピークに達する時間帯を活用する

私は早起きである。いつも午前5時半に起きて、仕事に素早く取りかかるのに役立つ朝のルーティンを実行している。私の場合、経験上、早朝に生産性が高まり、課題を先延ばしにする可能性が低いことに気づいた。そして、午後3時ごろには生産性が落ち始め、午後5時を過ぎるとすっかりダメになる。

あなたはまったく違うかもしれない。朝はグズグズしているが、夜になると活動的になるタイプかもしれないし、私のような朝型人間が一日の締めくくりをしている時間帯に、あなたの生産性はピークに達するかもしれない。

重要なのは、エネルギーのレベルは先延ばしの傾向に影響を与えることだ。そこで、自分のエネルギーのレベルが一日のどの時間帯にピークに達するかを見きわめて、その時間帯の生産性を最大化するように工夫するのはきわめて合理的である。

自分のエネルギーのレベルがピークに達する時間帯を見きわめる方法

この方法は研究心と忍耐力を必要とする。だが、それによって得られる結果は、研究心と忍耐力が有意義であることを実感させてくれる。一日の中で自分のエネルギーのレベルを見きわめるために、次の3つのステップに従ってみよう。

ステップ1　新しいスプレッドシートを作成する。（グーグルスプレッドシートがおすすめである。いくら使っても無料だし、クラウド上でパソコンやタブレット、スマートフォンでいつでもアクセスできる。）

ステップ2　次の欄を作成する。

■ 曜日（月曜、火曜、水曜……）

■ 時間帯（午前6時〜7時、午前7時〜8時など）

■自分のエネルギーのレベルの評価（1から5まで）
■記録（昼食や会議など）

ステップ3　自分のエネルギーのレベルを観察する。各時間帯の終わりに5段階で評価しよう。

以上の3つのステップを少なくとも2週間実行すれば、一定のパターンに気づくはずだ。たとえば、午前6時から正午まではエネルギーにあふれているが、午後5時以降はほとんどエネルギーが残っていないことを発見するかもしれない。あるいは、その逆に午前中は冴えなくても、午後1時を過ぎてから力がみなぎるかもしれない。

また、エネルギーのレベルが何らかの活動に大きく左右されることに気づくかもしれない。たとえば、会議はエネルギーを消耗させ、クリエイティブな作業はエネルギーを増大させるといったことだ。

このエクササイズの目的は、自分のエネルギーのレベルが一日の中でピークに達する時間帯を見きわめることである。その時間帯に困難な課題や困難な課題に取り組むといい。

そうすれば、それを先延ばしにする可能性が低くなる。

繰り返すが、このエクササイズは忍耐力が求められる。自分のエネルギーのレベルを朝から晩まで1時間単位で把握することは面倒かもしれないが、データを集めるには、このエクササイズ以上に適した方法はない。データを集めれば集めるほど、先延ばしにしがちな課題に一日のどの時間帯に取り組むべきかについてよりよい決定をくだすことができる。

テクニック

10

誰かと約束をする

誰かに対して約束を果たさなければならないとき、課題をやり遂げる可能性はぐんと高くなる。人間とはそういうものだ。誰だって人前で恥をかきたくない。それどころか、自分が何かをするつもりだと誰かに言うと、その人の期待にこたえたくなる。

たとえば、「半年後に小説を出版する」とブログで宣言し、フェイスブックで発表し、同僚に伝え、家族や友人に言ったとしよう。

今や多くの人の注目が集まっている。あなたは彼らの期待を背負っているのだ。自分がどう思われているか気がかりなら、いち早く執筆に取りかかるだろう。半年後、彼らに「残念ながら約束を果たせなかった」とは言いたくない。完成した小説を見せて、「しっかり約束を果たした」と胸を張って言えるようになりたいはずだ。

これこそが「約束を果たす」ことの力である。私たちは自分の名誉を大切にし、それを守るためならどんな努力も惜しまない。

この心理を活用すれば、先延ばし癖の改善に役立てることができる。何らかの課題をやり遂げると誰かに約束するだけで、「なんとしてでもそれをしよう」という気持ちになる。それができなければ、相手は私たちのいい加減な姿勢を追及するかもしれない。

誰でもそういう事態は避けたいはずだ。

たとえば、自家用車のブレーキパッドを交換する必要が生じたとしよう。だが、車を修理工場まで持っていくのは面倒なので気が進まない。そこで、それをできるだけ先延ばしにしたいと思っている。たぶんブレーキが変な音を立てるまで我慢するだろう。

修理を先延ばしにしたいという衝動に打ち勝つためには、その意思を誰かに伝えて約束を果たすようにするといい。しかも、その課題をやり遂げるための期日を設定しよう。

たとえば、「自家用車を土曜の朝までに修理工場へ持っていく」と配偶者に言うといい。自分の意思を貫くことについて配偶者にどう思われるか気にかけているなら、あなたは計画を実行するはずだ。

誰かに対して約束を果たさなければならないとき、私たちは行動を起こすように駆り立てられる。失敗を認めなければならない事態は、なんとしてでも避けたいはずだ。そういう気持ちが行動を起こす強いモチベーションになる。

先延ばしにしがちなどんな課題にも、このテクニックを使うことができる。**大切なのは、自分が約束を果たしたことを確認してくれる相手を見つけること**だ。信頼できる人を選ぼう。その人が前向きな人ならさらによい。あなたをけなす人ではなく、意欲を高めてくれるパートナーが必要だ。

このテクニックを実行することを強くおすすめしたい。その効果を過小評価してはいけない。先延ばしにしがちな課題を選んで、一定の期日か時間までにやり遂げると誓おう。そして、その誓いを家族や友人、同僚に伝えて、約束を果たすために全力を尽くそう。

きっと行動を起こすモチベーションが大きく高まることに驚くに違いない。

テクニック

11

大きな課題を細分化する

小さな課題は大きな課題よりやり遂げるのが簡単である。たとえば、マラソンより短距離走のほうが完走するのは簡単だ。小説を書き上げるより、小説の中のワンシーンを書くほうが簡単である。家族旅行の計画を最初から最後まで立てるより、ホテルの一室を予約するほうが簡単だ。

課題が大きければ大きいほど圧倒されそうになる。その結果、やる気が萎えて行動を起こしづらくなる。

学生時代を振り返ってみよう。先生から作文を書くように指示されたとき、具体的な内容はともかく、その課題は膨大な時間と労力を要する面倒な作業のように思えた。考えをまとめたり調査をしたりする必要があり、最終的にしっかり考え抜いた作文を提出する必要があった。

その課題全体を考えると、さぞかし不安になったことだろう。もしかすると気が滅入ってしまい、それを先延ばしにしたくなったかもしれない。（私は学生時代にたびたびそういう経験をした。）

ところが第一歩を踏み出したとき、どうなっただろうか？　最初の数行を書いたり調査を開始したりしたとき、どうなっただろうか？　おそらく突然、その課題は思っていたほど面倒ではないことがわかったはずだ。達成不可能なように見えていても、実際は達成可能だと思えてきたに違いない。

ここで、先延ばし癖の改善に役立つ効果的なテクニックを紹介しよう。

まず、**課題を細分化して、各パートを個別の課題のように扱おう。**そして、各パートをやり遂げることにフォーカスし、終了した時点でそのパートをＴｏＤｏリストから削除するのだ。

たとえば、自宅の大掃除をする計画を立てているとしよう。数時間かかりそうだし、大きな努力を要するから、それを先延ばしにしたくなるかもしれない。しかし、それを先延ばしにするのではなく、そのプロジェクトを部屋ごとに細分化しよう。取り組む必要のある個別の課題を部屋ごとにリストアップすると次のようになる。

リビング

■家具のほこりを払う
■床を掃除機できれいにする
■ブラインドと窓まわりをふく
■テーブルの上を片づける

ダイニングルーム

■テーブルの上をきれいにふく
■椅子のほこりを払う
■カーペットを掃除機できれいにする
■床をモップで掃除する

寝室

■床を掃除機できれいにする
■ゴミ箱を空っぽにする
■家具の汚れを取る
■シーツとベッドカバーをきれいなものと交換する
■窓をきれいにふく

浴室

■トイレを掃除する
■シャワーや浴槽を掃除する
■化粧鏡を洗う
■シンクをきれいにする
■床を洗う

キッチン

■皿を洗う
■調理台をきれいにする
■床を掃除する
■調理器具をきれいにする
■冷蔵庫の中をきれいにする

ホームオフィス

■家具のほこりを払う
■郵便物を整理する
■床を掃除する
■窓をきれいにふく

自宅の大掃除という大きな課題を細分化することによって、面倒な要素が気にならなくなり、全体をやり遂げることができる。確かにそれでもやるべきことはたくさんあるが、全体を構成する小さな課題をしっかり処理することができる。さらに、それらの小さい課題をやり遂げるたびに、その項目をＴｏＤｏリストから消していくことができる。これは次々と課題をやり遂げているという達成感と満足感につながる。

繰り返すが、このテクニックで大きな課題をやり遂げるのにかかる時間と労力の総量を減らすことはできない。単に全体を達成可能だと思えるようにするだけである。そして、それこそが全体をやり遂げる勢いをつける最初の数歩を踏み出すのに必要なことなのだ。

テクニック

12

できれば退屈な作業を避ける

私の経験では、退屈な作業は最も困難である。だからそれを先延ばしにして、より楽しい活動やより有意義な作業を優先したくなる。

退屈な作業をすることに対してモチベーションを高めるのは難しい。たとえ、それに取りかかっても、集中力を維持するのは至難のわざだ。私の場合、退屈な作業を処理するのに数分以上かかるなら、やる気が失せてしまう。なんとか作業をやり遂げたとしても、心がこもっていない。それをやり遂げることは、より興味のある課題にやっと取りかかれること以外になんの恩恵ももたらさない。

きっとあなたも同じように感じているはずだ。もしそうなら、そういう課題に直面したら先延ばしにする可能性が高い。

こういう状況で先延ばし癖をやめる最善の策は、退屈な作業を避けることだ。できることなら、それを予定からはずそう。それができないなら、誰かに任せよう。

たとえば、庭の草刈りが面倒だとしよう。その作業が嫌で仕方ないので、それをいつまでも先延ばしにしたいと考えている。もしそうなら、その作業を誰かに任せよう。草刈りを代行してくれる業者を雇うのだ。そうすれば、自分でモチベーションを高めなくても、その作業をしてもらうことができる。

退屈な作業を自分にとってより有意義な作業と取り換えることも可能かもしれない。

私自身の例で説明しよう。

かつて膨大な時間を費やして、多種多様な企業向けに白書や事例研究、広告のコピーを作成してきた。その中には非常に興味深いテーマのものも含まれていて、クライアントに必要とされる以上に綿密な調査をしたことがよくあった。

しかし、その一方で、かなり退屈なテーマの作業もあり、それにはまったく興味を持てなかった。結局、それについて書くときは心の中で大きな抵抗を感じ、ギリギリまで作業を先延ばしにすることがよくあった。

やがてこの種の作業に取り組む必要がないことに気づいた。すでにクライアントを選ぶ余裕があったからだ。そこで、退屈な作業を自分にとってより有意義な作業と取り換えることにした。

この方向性の変化は驚異的な成果をもたらした。もう作業を先延ばしにしなくなったのだ。ワクワクして作業に没頭し、クライアントのための書類を作成して、より充実感が得られるようになった。

退屈な作業でうんざりしているなら、それを手放せるかどうか自分に問いかけよう。それを排除したり誰かに任せたりすることができないなら、別の作業と取り換えることはできないだろうか。もしそれが可能なら、その選択肢を活用しよう。自分にとって有意義な作業を先延ばしにする可能性はきわめて低いことに気づくはずだ。

退屈な作業を避けられないならゲーム化する

もちろん、退屈な作業をいつも避けられるとはかぎらない。そういう作業も職務の一部かもしれないからだ。たとえば、週報の提出を上司に指示されているとしよう。それは退屈で仕方がない作業だが、他人に任せることも無視することもできないので、辛抱してやり遂げなければならないかもしれない。

あるいは、教師として生徒の作文を評価することが単調で面倒な雑用のように感じているかもしれない。この作業を任せる助手がいなければ、自分でせざるを得なくなる。

そこで、もし退屈な作業をせざるを得ないなら、それをより興味深くする方法を見つけよう。

ひとつの解決策は、それをゲーム化することだ。たとえば、上司の指示どおり週報を提出しなければならないなら、ミスをせずにどれだけ早くやり遂げられるかに挑戦すればいい。前回の記録を破ったら、自分に褒美を与えよう。

退屈な作業であふれたＴｏＤｏリストを処理するのに役立つゲーム化アプリを活用してもいい。そういうアプリは退屈な作業がより楽しくなるように工夫されている。私自身はそういうアプリを使わないが、多くのユーザーから高評価を得ているのは確かだ。そういうアプリを使えば、先延ばしの可能性を低くすることができるかもしれない。

テクニック

13 集中を乱す環境要因を取り除く

集中を乱す環境要因を取り除くことができれば、どんな課題でも先延ばしにする可能性は低くなる。意識を向ける対象がもはや周囲の環境にないのだから集中しやすい。

たとえば、ブログを書く必要があるとしよう。それをするための場所は自宅の中にいくつかある。

ひとつの選択肢はリビングだが、残念ながらそこにはテレビがあり、好きな番組を見てしまいかねない。

もうひとつの選択肢は寝室である。幸いなことに、そこにテレビはないが、かなり散かっている。散らかっている環境はテレビと同じくらい集中を乱すおそれがある。

さらにもうひとつの選択肢はホームオフィスだ。寝室と同様、そこにテレビはない。しかも、そこはたいていきれいである。ホームオフィスには集中を乱す環境要因はない。だからホームオフィスでひとりきりになると、ブログの執筆を先延ばしにする可能性は低くなる。ほかに意識を向ける対象がないのだから当然だろう。

ここで覚えておくべき重要なことがある。**集中を乱す環境要因が少なければ少ないほど、目の前の課題に取りかかりやすくなる。**だから集中を乱す環境要因はできるかぎり取り除くべきだ。

たとえば、携帯電話の電源を切ろう。職場をきれいにしよう。家にいるなら、仕事中に邪魔をしないでほしいと家族に頼んでおくといい。職場にいるなら、仕事中に雑談をしてこないでほしいと同僚にクギを刺しておこう。もし集中を乱す絵や写真が壁に掛かっているなら、それを取りはずそう。周囲の雑音が気になるなら、耳栓をしよう。

私たちはまず課題を先延ばしにすることを選んでから、その時間を埋めるために集中を乱す環境要因を探す。だからそういう環境要因を排除し、注意を向ける対象を最小限に減らそう。ほかに何もすることがないなら、課題を先延ばしにすることを正当化するのは困難になる。

テクニック

14 インターネットへのアクセスを制限する

前項で述べた環境要因と同じくらい集中を乱す力を持っているのが、インターネットだ。実際、インターネットのほうが大きなインパクトを持っていることもあるくらいだ。インターネットはあなたをとりこにするように設計され、たえず注意を引きつける。

フェイスブックを例にとって考えてみよう。

これは世界中の人たちのあいだでもてはやされているSNSだ。「フェイスブックによって数千億ドル相当の生産性が損なわれている」と主張する専門家もいる。だが、これはけっして偶然の出来事ではない。フェイスブックは人びとを夢中にさせ、何度も利用するように設計されているからだ。つまり、フェイスブックは人びとをハマらせるように仕掛けられている依存症ビジネスなのである。

スタンフォード大学ビジネススクールの講師をつとめるニール・イヤールは、こんなふうに言っている。

「フェイスブックがあなたとつながるために必要としているのは、ほんの数分間の退屈な時間だ。退屈な時間が精神的に苦痛であることは誰もが知っている。退屈を感じて、ほんの数分でもヒマができたら、フェイスブックがその苦痛をやわらげてくれる」

先延ばしの常習者にとって、これは深刻な問題だ。フェイスブックのようなSNSは大切な作業を中断させて、すぐに満足感をもたらしてくれる。たいていの場合、これが集中を乱す要因として環境要因より大きい影響力を持っている理由である。SNSは人びとを誘惑するように設計されているのだ。

たとえば、今やスマートフォンはいつも身近に置いておく存在になり、数分ごとに新しいメッセージやメールが届いて作業の中断を余儀なくさせる。フェイスブックやX（旧ツイッター）、インスタグラム、ピンタレストなどのSNSはたえず私たちを誘惑して作業を中断させ、友人たちと交流させる。インターネットは新しいニュースからユーチューブの動画まで先延ばしの口実を無数に提供する。

それらを遮断するための対策を講じないかぎり、集中を乱すSNSは常に容赦なく私たちの注意を引きつける。

多くの人は集中を乱すＳＮＳを容易に無視できると思い込んでいるが、それはたいてい幻想にすぎないことが研究で明らかになっている。**カナダの心理学者ティモシー・ピチル博士は「インターネットにアクセスしている時間のじつに47％が、先延ばしのために使われている」と指摘している。**

これは驚くべき数字だ。

この指摘にもとづいて、インターネットへのアクセスを制限することをおすすめしたい。たとえば、パソコンで作業をしているときはインターネット回線をオフにしよう。インターネットで何かを調べる必要があるときは、それまでの作業を中断してはいけない。調べたいことをメモして作業を続けよう。そして、適切なタイミングを見計らってインターネットにアクセスし、わからないことを調べるといい。

インターネット回線をオフにするという選択肢がなければ、サイトをブロックするアプリを使うといいだろう。そうすることによって、特定のウェブサイトへのアクセスをブロックする時間を選ぶことができる。たとえばフェイスブックにハマっているなら、それをブロックリストに追加しよう。ＣＮＮニュースから目が離せないなら、それもブロックリストに追加しよう。

そうすることによって、インターネットで何かについて調べたいとき、好きなウェブサイトで時間を浪費せずに作業に専念することができる。

一日中、メールをチェックするという誘惑に抵抗しよう。たとえば、ブラウザーでのメール機能のタブを開いたままにしてはいけない。仕事中にスマートフォンをそばに置いて作業をしなければならない（たとえば重要な電話連絡がある）なら、新着メールの通知をオフにしておこう。

メッセージに対しても同様だ。理想的には仕事中はスマートフォンをオフにしておくといい。そうすれば、新着メッセージの通知を聞く必要がないし、作業を中断してそれを読む誘惑にも駆られなくなる。どうしてもスマートフォンをそばに置いて作業をしなければならないなら、通知ボタンをオフにしよう。

以上の対策を講じれば、落ち着いて作業に専念することができる。デジタル機器のためにひっきりなしに作業を中断させられたり誘惑されたりすることはなくなるから、目の前の課題を先延ばしにする可能性が低くなる。

テクニック

15

作業時間を細切れに分割する

細切れ時間の活用をおすすめしたい。これは作業を円滑にするためのシステムで、ポモドーロ・テクニック（25分ごとに分割して5分間の休憩をはさみながら、決められた時間で課題を実行するやり方）と似ているが、細切れ時間の活用のほうがはるかに柔軟性に富んでいる。

それはこんな具合だ。

まず、作業の性質と所要時間にもとづいて課題を整理しよう。たとえば、執筆や調査をともなう課題もあれば、請求書の支払いのように単純作業ですむ課題もある。

次に、それぞれの課題（またはいくつかの課題）をやり遂げるために適切な所要時間を割り当てよう。

第三に、中断なく課題に取り組むための細切れ時間にもとづいて予定を組もう。その際、細切れ時間の合間に休憩をはさむといい。

たとえば、報告書を作成する必要があり、それをやり遂げるのに5時間かかると想定しているとしよう。

5時間の作業は大きな努力をともなうから、先延ばしをしたくなる誘惑に駆られるかもしれない。そこで、その課題を細切れ時間に分割するといい。その一例を紹介しよう。

■ 45分間、ひたすら書く。それがすんだら、15分間の休憩をとる。
■ 45分間、ひたすら書く。それがすんだら、15分間の休憩をとる。
■ 40分間、ひたすら書く。それがすんだら、10分間の休憩をとる。
■ 40分間、ひたすら書く。それがすんだら、10分間の休憩をとる。
■ 35分間、ひたすら書く。それがすんだら、5分間の休憩をとる。
■ 35分間、ひたすら書く。それがすんだら、5分間、書類を作成したことを祝う。

大きな課題が細切れ時間に分割されると、圧倒されているような感覚が軽減される。さらに、それぞれの細切れ時間の合間に休憩をはさむことで、不安がやわらぎ、課題が達成可能だと思えてくる。

書類の作成に5時間も取り組まなければならないのは気が引けるかもしれないが、45分の作業のあとで15分の休憩をとり、40分の作業のあとで10分の休憩をとり、35分のあとで5分の休憩をとるなら、なんら問題はないはずだ。

そして、実際にその作業はやり遂げることができる。

細切れ時間を利用して作業をするときは掛け時計に頼るのではなく、タイマーを使うほうがいいだろう。といってもシンプルなキッチンタイマーで十分だ。スマートフォンを使いたいかもしれないが、メールやメッセージ、SNSの通知など集中を乱す要因に気をつけよう。

タイマーを目の前に置き、次の細切れ時間に割り当てた所要時間（たとえば45分）をもとにセットしよう。そして、細切れ時間の終了を知らせるタイマーが鳴るまで課題に取り組もう。それまで作業を止めてはいけない。

タイマーが鳴ったら、その直後の休憩時間に割り当てられた所要時間（たとえば15分）にセットし、その時間を利用して好きなことをしよう。たとえば、お気に入りのブログを読む、フェイスブックを閲覧する、ユーチューブで動画を見る、英気を養うために昼寝をする、などなど。

そしてタイマーが鳴ったら、次の細切れ時間の所要時間をセットして作業に戻ろう。

こんなふうに作業をすれば、先延ばし癖の誘惑を軽減することができる。圧倒されるぐらい大きな課題を達成可能な小さい断片に細分化すればいいのだ。さらに、短時間の作業は集中力を高めるから、注意が散漫になるのを防ぐことができる。

やり遂げるのに2時間以上かかる課題やプロジェクトに直面したら、このテクニックを活用しよう。休憩がすぐにとれることがわかっているなら、課題に取りかかるのが驚くほど簡単になるはずだ。

テクニック

16 不要な課題をできるかぎり排除する

前述したように、選択肢が多いと課題を先延ばしにしやすくなる。この傾向についてはパート1で触れたが、SNSやユーチューブ、テレビといった集中を乱すものに関する説明に限定していた。

ほかの多くの課題の存在も同じような作用をおよぼしかねない。困難な課題と簡単な課題のどちらに取り組むかを選択する状況に置かれると、ほとんどの人は後者を選ぶ誘惑に駆られるだろう。

誰もがそれを経験的に知っているはずだ。ToDoリストを何度も見て、時間と労力があまりかかりそうにない項目を選びたくなったに違いない。私はこれまでの人生でそれを数えきれないくらい経験してきた。

こんなふうに、簡単な課題の存在は、困難な課題を先延ばしにするきっかけになってしまうのだ。

とはいえ、そのような課題はときには避けられない。すぐに取りかかる必要はなくても、一日の中のどこかで取り組む必要がある。たとえば、顧客に電話をかけたり、子どもの先生にメールを送ったり、今月の請求書の支払いをすませたりしなければならないかもしれない。これらの課題は集中して取り組む必要があるが、今すぐに取りかかる必要はめったにない。日々の予定表に組み入れておき、優先順位に従って取りかかればいい。

一方、まったく必要のない課題もある。目標の達成に役立たないからだ。そういう課題は時間と労力の無駄である。

きっとこんな問題に心当たりがあるだろう。あまりにも長いＴｏＤｏリストを作成して、すべての項目を書ききれなかったことはないだろうか。ＴｏＤｏリストを見て、なぜそこに書かれている項目が必要なのか疑問に思ったこともあるに違いない。

以前、私はこのような問題にたびたび遭遇した。数年前、ＴｏＤｏリストが内容に沿って適切に整理されていなかった。それらは思い浮かぶたびにリストに追加していた膨大な課題の寄せ集めにすぎず、その大半は重要ではなかった。

私の中にひそんでいた「内なる先延ばし屋」にとって、それらの重要ではない課題はとても魅力的だった。たいていの場合、やり遂げるのが簡単で、時間と労力がほとんどかからなかったからだ。私はより困難で重要な課題を先延ばしにして、それらの重要ではない課題に取り組んでいた。これは一種の「時間稼ぎ」のようなものだった。

やがてToDoリストの方針を全面的に見直した。**最優先課題のひとつは、些細な課題を日々のリストに加えないこと**だった。また、一日を通じてリストを振り返り、重要ではないので削除しても差し支えない項目を探した。

その結果、興味深いことが起きた。まず、日々のToDoリストの項目数が激減して、それまで数十個もあったのが6つ以下になった。次に、最も重要なこととして、項目数の激減にともない、困難な課題の先延ばしを正当化する選択肢が少なくなった。

現在、私のToDoリストにある課題はさらに少なくなっている。テクニック6（日々のToDoリストは7項目までにする）でも指摘したように、3項目しかないリストで試したところ、「内なる先延ばし屋」に対する効果は計り知れないくらい大きかった。課題が少ししかないので、重要ではない項目に取りかかって時間を浪費することを正当化できなくなったのだ。

毎朝、ＴｏＤｏリストを検証することをおすすめしたい。目標の達成にほとんど影響がない些細な課題を探し、それを排除しよう。その過程で、より重要な課題の先延ばしにつながる項目を削除することができる。

テクニック

17 ひとつの課題にフォーカスする

ほとんどの人がマルチタスキングをしている。同時にいくつもの課題をやりくりしながら取り組んでいるのだ。そうすれば、より多くのことを成し遂げるのに役立つと思い込んでいるからだろう。だが、そんなことをしても好ましい結果を得るのは非現実的であることくらい、誰もが直感的にわかっている。マルチタスキングは集中を乱し、ミスの割合を増やし、生産性を下げることになるからだ。

しかし、この習慣をやめるべき理由はもうひとつある。マルチタスキングは先延ばしにつながりやすいのだ。いくつもの課題に取り組んでいると、多くのことを成し遂げているような錯覚におちいる。そういう満足感はたまらなく魅力的だろう。ただ問題は、それがたいてい幻想にすぎないことだ。私たちは些細なことでたえず忙しくし、より重要な課題を見過ごしたり、もっとひどいことに、意図的に無視したりしがちである。

要するに、**マルチタスキングはたいてい先延ばしの一種だと言える。**

ニューヨーク大学などで社会学の教べんをとるクレイ・シャーキーは、その点について的確に表現している。

「人びとがマルチタスキングをするのは、たいていの場合、それがより多くのことを成し遂げるのに役立つと信じているからだ。しかし、実際にはそんなことはけっしてない。それどころか、効率性が下がってしまうのだ。ただ、副作用として精神的な満足感をもたらしてくれる。つまり、マルチタスキングをしていると、何らかの作業をしながら先延ばしの快楽が得られるのだ」

最後の一文は非常に重要だから繰り返しておこう。「**マルチタスキングをしていると、何らかの作業をしながら先延ばしの快楽が得られるのだ**」

これは私たちを誘惑し、行動パターンに大きな影響をおよぼす作用である。生産性が高いという幻想は、ポジティブな感情につながる。多くのことを成し遂げているかのように錯覚すると、精神的な満足感にひたることができるからだ。この感情は、それを生み出す行動を繰り返す原動力になる。

だから、私たちはいつまでもマルチタスキングをしてしまうのだ。それがこの習慣を改めるのが難しい理由である。だが、先延ばし癖を改善したいと本気で思っているなら、ぜひともこの習慣を改めなければならない。マルチタスキングと行動の先延ばしというふたつの習慣は密接につながっている。

シングルタスキングをする方法

シングルタスキングはほかのどんな習慣とも同様で、身につけるには忍耐強く取り組まなければならない。つまり、小さな一歩を踏み出して、それを長期にわたって継続する必要がある。

まず、まだそれをしていないなら、日々のToDoリストから取り組むことをおすすめしたい。記憶に頼るのではなく、注意を向ける必要のあるすべての項目を書き出そう。少なければ少ないほどいい。なぜなら前述のとおり、選択肢を減らせば、集中力を高めることができるからだ。

次に、ToDoリストの各課題に優先順位をつけよう。数字（1、2、3）や文字（A、B、

C)、課題管理のアプリを使うといい。

第三に、前日の夜に課題に優先順位をつけておこう。そうすれば、それをやり遂げる必要のある日に課題に優先順位をつけて時間を浪費するのを避けることができる。リストを一覧して優先度の高い項目を見きわめて集中し、それをやり終えたら、より重要でない課題に取りかかろう。

第四に、物理的な環境であれインターネットであれ、集中を乱す要因を仕事場から一掃しよう。それについてはテクニックの13と14で詳しく述べたとおりだ。

第五に、時間を細切れにして一日の予定を立てよう（テクニック15を参照）。細切れ時間を活用することは、一回にひとつの課題に集中するのに役立つ。

第六に、インターネットであれマルチタスキングをしたいという衝動にたえず駆られているなら、ブラウザーのタブをひとつに限定するといい。インターネット上に無数にある集中を乱す要因に影響されにくくなるはずだ。

第七に、ひとつの課題から別の課題に切り替えるたびに、――まさにマルチタスキングだ――その中断にともなうコストを意識しよう。これは「切り替えのコスト」として知られ、生産性に打撃をおよぼしかねない。

覚えておこう。シングルタスキングは習慣である。それを定着させる最善の策は、それを徐々に身につけることだ。ほとんどの人と同様、あなたが生涯にわたってマルチタスキングをしてきたなら、これは特に切実な問題である。だから時間をとり、忍耐強く取り組み、ときには失敗しても自分を許そう。素晴らしいことに、より集中力を高め、より高い生産性を実現し、課題を先延ばしにしにくくなるだろう。

テクニック

18

ネガティブなセルフトークを排除する

セルフトークとは自分との内なる対話のことだ。それは自分をどう認識するかに大きな影響を与え、真実ではないことまで信じてしまうおそれがある。

たとえば、「人生の失敗者だ」とたびたび自分に言い聞かせていて、「何をしてもうまくいかない」とか「どうせ失敗するに決まっている」と思い込んでいるかもしれない。自分を失敗者だと決めつけるのは不適切であり、明らかに公平性に欠けるが、自分に対する偏見に満ちたこのレッテル貼りによって、何をしても失望することになる。

これは先延ばし癖を助長する。当然だろう。「何をしてもうまくいかない」と信じ、「どうせ失敗するに決まっている」なら、わざわざそんなことをやりたがる人がいるはずがない。そこで、その課題を避けようとする。たとえそれが無期限に延期することを意味していても、「取りかかったら失敗するだけだから、初めからやらないほうがましだ」と思い込んでしまう。

ネガティブなセルフトークにはさまざまなパターンがある。最もあからさまなのは自分への批判である。私たちは特定の分野で優れている人と不当に比較し、自分のふがいなさをあげつらう。この習慣は自尊心を台無しにするので、何に対しても積極的に行動を起こすのがおっくうになる。

ネガティブなセルフトークのもうひとつのパターンは、たえず心配することだ。私たちは自分で思いついた虚構や自分の力ではどうにもならないことについて思い悩みながら膨大な時間と労力を費やす。最悪の事態を想像し、それを心の中で自分に言い聞かせておびえているのだ。たえず心配している人が課題を先延ばしにしがちなのも不思議ではない。

さらに別のタイプのネガティブなセルフトークは、完璧主義である。私たちは完璧でないものを受け入れたがらず、「完璧でなければ気がすまない」とたえず自分に言い聞かせている。その一方で、自分は人間だから不完全であることを直感的に知っている。不可能な基準を追い求めると、行動を起こす気になれなくなるのは当然だろう。

ネガティブなセルフトークは私たちの行動パターンに重大な影響をおよぼすので、それが表面化するたびに徹底的に反論する必要がある。

まず、ふだんネガティブなセルフトークを習慣的にしている分野を見きわめよう。たとえば、友人との関係についてネガティブなセルフトークをしているかもしれない。体型についてネガティブなセルフトークをしているかもしれない。仕事ぶりについてネガティブなセルフトークをしているかもしれない。

次に、ネガティブなセルフトークのパターンを見きわめよう。たとえば、悪いことが起きるとすぐに自分を責めているなら、それはネガティブなセルフトークだと認識しよう。課題に取りかかるときにすぐに最悪の事態を想像する癖があるなら、それもネガティブなセルフトークだと認識する必要がある。

第三に、ネガティブなセルフトークをしているときは、それをポジティブで現実的なものに変換しよう。たとえば、完璧な出来ばえに仕上げられないという理由で課題を先延ばしにしているなら、「たとえ完璧でなくても人びとの期待にこたえられる」と自分に言い聞かせるといい。

このエクササイズを習慣にし、ネガティブなセルフトークを排除するための合理的な対策を講じよう。

第四に、自分を支えてくれる人と付き合おう。たとえば、完璧主義のためにグズグズしているなら、「たとえ完璧な出来ばえでなくても、自分を信じれば、きっと素晴らしい結果になる」と励ましてくれる友人を持つといい。

ネガティブなセルフトークを排除するには時間がかかるが、自分についてネガティブなセルフトークをしていることに気づくたびに、それを打ち消せば、ネガティブなセルフトークを排除することは容易になる。その過程でよりポジティブになり、自分に自信が持てるようになり、未来に対して楽観的になって行動を起こしたくなるだろう。

テクニック

19

選択肢をひとつに限定する

この方法は、テクニック16（不要な課題をできるかぎり排除する）と関連している。しかし、ここでは、重要ではない項目からなる日々のToDoリストを排除することにフォーカスするだけでなく、より大胆なアプローチを紹介しよう。

まず、**人生で選択の役割を理解すること**が重要だ。ほとんどの人がさまざまな方法で時間を過ごす自由を持っている。家でくつろいでいるときも、職場で働いているときも、私たちの注意を引きつけようとする選択肢は無限にある。その中にはすぐに満足感をもたらすものがあり、すぐに満足感をもたらさない重要課題を先延ばしにするきっかけになる。

たとえば、インターネットを使って仕事をしていて、最優先課題のひとつが仕事に関連した科学論文を読むことだとしよう。ところが論文の情報量は膨大だから、かなりの時間と労力がかかる。

おそらくブラウザーにはたくさんのタブが開いている状態だろう。そのどれもが目の前の課題から注意をそらす選択肢である。この場合、科学論文を読むことを先延ばしにして、すぐに満足感をもたらしてくれそうな情報を読みたいという誘惑に駆られるだろう。

その解決策は、目の前の課題と関係のないすべての選択肢を排除することだ。この例で言えば、科学論文のブラウザーを除くすべてのブラウザーのタブを閉じることである。

もうひとつの例を紹介しよう。

職場で重要なプレゼンテーションの準備をしているとしよう。問題は、それが困難な作業であるために集中を乱しやすいことだ。時間の使い方に関しては、メールをチェックする、ボイスメールを聞く、同僚に会いに行って相談する、といった選択肢がある。

これらの選択肢はプレゼンテーションの準備を先延ばしにするための口実であり、どれをとっても最優先課題ではない。

この問題を解決する方法のひとつは、ペンと1枚の紙を用意して会議室に閉じこもることだ。パソコンやスマートフォンをそばに置いてはいけない。そうすることで余計な選択肢を排除し、プレゼンテーションにフォーカスすることができる。ほかに何もすることがなければ、目の前の課題を先延ばしにする可能性は低くなる。

できれば選択肢をひとつに限定しよう。理想的にはＴｏＤｏリストの中の最重要課題だ。そして細切れ時間を活用して、その課題に１００％集中するための工夫をしよう。

この項を締めくくるにあたり、フランスの文豪ヴィクトル・ユーゴーに関する興味深いエピソードを紹介しよう。彼はバーやカフェ、公園、散歩道がたくさんあるパリで執筆活動の大半をおこなったが、これはたえず仕事を先延ばしにする誘惑になった。

ユーゴーは外出すると作家としての生産性が下がることに気づき、解決策を思いついた。毎日、丸裸で書斎にこもり、服をどこかに隠すよう召使いに頼んだのだ。そしてその服を、執筆が終了する時間に戻してくれるよう召使いに指示した。

丸裸になって服を預けることによって、ユーゴーは仕事以外の選択肢を排除したのだ。そして、書斎でその日のノルマを達成するのに必要な時間を確保した。

ユーゴーは作家として偉業を成し遂げるために真剣だったに違いない。

課題を先延ばしにしていることに気づいたら、その課題とは関係のないすべての選択肢を排除しよう。たったひとつしか選択肢が残っていないなら、それに取りかかるのがずっと容易になるはずだ。

テクニック

20 先延ばしの理由を見きわめる

パート1では、私たちが課題を先延ばしにする理由を数多く検証した。それらのすべてがあなたの状況を的確に表現しているとはかぎらないが、そのいくつかは当てはまるはずである。

ただし、課題を先延ばしにする理由を理解するだけではなく、**個人的なトリガーを見きわめることがきわめて重要だ。**そうして初めて、それを改善するために目的を持って行動を起こすことができる。

たとえば、失敗を恐れているのかもしれないし、成功を恐れているのかもしれない。それぞれの理由には異なる対策を講じる必要がある。

圧倒されていると感じたり退屈したりしているとき（どちらもありがちなトリガーだ）、課題を先延ばしにしがちなのかもしれない。やはりそれぞれの傾向は異なる解決策を必要としている。言うなれば異なる「治療法」だ。

困った出来事に耐える能力がなく、うまくいかないとすぐに身動きがとれなくなってしまうのかもしれないが、決定をくだすのは容易にできる。あるいは、困った出来事に耐える能力はあるが、決定をくだすのが困難なのかもしれない。回復への道はシナリオによって異なる。

パート1では、私自身の経験を紹介し、完璧主義が大きな障害だったことに言及した。また、面倒なことをするのが苦手だったことも述べた。さらに、困った出来事に耐える能力がなかったことも説明した。

解決するための行動を起こす前に、以上のトリガーを見きわめることが私には必要だった。では、あなたが課題を先延ばしにする理由についてよく考えてみよう。

自分のトリガーを見きわめる方法

何らかの方法で行動するときのトリガーを見きわめるのは難しい。だから自分のトリガーを念入りに観察することをおすすめしたい。少なくとも2週間は観察する必要がある。

その方法は次のとおりだ。

課題を先延ばしにしそうだと感じたら、自分の精神状態を観察しよう。そして、なぜその瞬間に行動を起こせないのか自問しよう。そのヒントが必要なら、パート1のリストを参考にするといい。

いったんトリガーを見きわめたら、それを書きとめよう。もしひとつではないなら、すべて書きとめよう。

2週間の観察のあとで一定のパターンが浮かび上がってくることに気づくだろう。たとえば、怠け癖のために課題を先延ばしにする傾向があることに気づくかもしれない。非現実的なくらい高い基準を自分に課している（完璧主義）ので、そのためにたえず課題を先延ばしにしていることを発見するかもしれない。

このエクササイズの目的は、自分のトリガーを見きわめることだ。いったんそれができたら、重要な変化を起こすための対策を講じよう。

テクニック 21

毎週、目標を見直す

1週間の目標を見直すことをおすすめしたい。短期、中期、長期の目標に関して、時間と労力を可能なかぎり最も生産的な方法で活用するのに役立つからだ。

また、課題を管理するために複数のＴｏＤｏリストの活用も提唱している。少なくとも「マスターＴｏＤｏリスト（主に中期と長期の目標を達成するための元になるリスト）」と「日々のＴｏＤｏリスト」を活用すべきだ。

「マスターＴｏＤｏリスト」と「日々のＴｏＤｏリスト」を活用する際に最もよくある問題のひとつは、リストが長すぎることだ。毎日のように新しい課題が追加されると、やがてそのリストは機能しなくなる。

確かに一部の課題は重要だから、そのつもりで取り組むべきである。だが、ほかの課題は重要ではないのに何週間も何カ月もたまり、余計な負担になるだけだ。ＴｏＤｏリストがそういう課題でいっぱいになれば、仕事が山のようにたまって圧倒されてしまう。

圧倒されているという感覚は、先延ばしに共通するきっかけである。それについてはパート1で詳しく説明したとおりだ。

そこで毎週、目標を見直すことが、この問題を解決するためのシンプルな方法である。それは時間と労力を重要課題にかけるのに役立ち、些細な課題がたまって、その中に埋もれてしまうように感じるのを避けることができる。

毎週、目標を見直すとき、どの課題が目標の達成に不可欠で、どの課題を排除しても差し支えないかを見きわめよう。目標の重要性が変動するにつれて、課題の優先順位を修正する機会にもなる。

このエクササイズの目的は、ＴｏＤｏリストの項目を減らすことだ。毎週、目標を見直すことによって、どの課題を排除してもいいかすぐに判断できる。その結果、ＴｏＤｏリストをスッキリさせ、圧倒されないようにすることができる。

スッキリしたＴｏＤｏリストを実行すると、仕事量の負担を感じにくくなる。より少ない項目をやり遂げれば、かぎられた時間を浪費せずに目標の達成に役立つ。

そして、これこそが先延ばし癖の改善に役立つ秘訣のひとつである。

ボーナステクニック

1 課題と誘惑を抱き合わせにする

「課題と誘惑の抱き合わせ」というテクニックを初めて聞いたなら、きっと奇妙な印象を受けることだろう。このコンセプトはペンシルベニア大学ウォートン・スクールの経済学者キャサリン・ミルクマン教授によって考案されたものだ。

このアイデアが生まれたのは、ミルクマン教授が自分に課した運動プログラムに従うことができなかったときだ。当時、彼女は『ハンガー・ゲーム』などのヤングアダルト小説に熱中していた。そこで、ジムに行って運動するという課題と、好きな小説を読むという誘惑を抱き合わせにした。その目的のために、まず日々の運動をやり遂げることを条件に、それができたら好きな小説を読んでもいいと決めた。

このテクニックは功を奏した。ミルクマン教授は課題（ジムに行って運動すること）と誘惑（好きな小説を読むこと）を抱き合わせにすると、うまくいくことを発見した。好きな小説を読めるので、週に5回、ジムに行って運動するようになった。

ミルクマン教授は「課題と誘惑の抱き合わせ」を「長期的恩恵をもたらすが意志力を必要とする『すべき』活動と、短期的欲求を満たす『したい』活動を組み合わせること」と表現している。

要するに、すべきことをしたら自分に報酬を与えるということだ。


課題と誘惑の抱き合わせには単なる習慣の形成という以外に実用的な価値がある。「内なる先延ばし屋」に打ち勝つために、それを活用できるからだ。

たとえば、ガレージの掃除を先延ばしにしてきたとしよう。それは時間と労力がかかる厄介な課題である。しかも、ガレージは汚れていて、ほこりっぽい。そんな煩わしい雑用を楽しみにすることは、ほぼ不可能だろう。

一方、『ザ・ソプラノズ』『ゲーム・オブ・スローンズ』『ダウントン・アビー』『ロー&オーダー』などの連続ドラマが大好きだとしよう。ガレージを掃除するより、それらのドラマを見る誘惑に駆られるはずだ。

そこで、課題（ガレージを掃除すること）と誘惑（連続ドラマを見ること）を抱き合わせにしよう。

課題をやり遂げた報酬として誘惑を楽しめばいい。言い換えれば、したいことをするために、すべきことをするようにモチベーションを高めるということだ。得られる報酬に対して十分なモチベーションを持っているなら、課題を先延ばしにせずに行動を起こしたくなるだろう。

課題と誘惑の抱き合わせのテクニックを実行する方法

課題と誘惑の抱き合わせのテクニックを実行するためには、ふたつのリストが必要になる。最初のリストには、やり遂げる必要のある課題が書かれ、2番目のリストには、やりたい活動（すなわち報酬）が書かれている。

最初のリストはすでに作成されているはずだ。それは日々のＴｏＤｏリストである。そこで、次のステップは2番目のリスト（報酬のリスト）を作成することだ。そこには次のような活動が書かれているかもしれない。

■好きなテレビ番組を見る
■ビデオゲームで遊ぶ
■フェイスブックを閲覧する
■スターバックスに行って好きなドリンクを飲む
■散歩に出かける
■近くのショッピングモールに行って新しい服を買う
■友人とランチを食べる

両方のリストをそろえたら、あとは先延ばしにしがちな課題と手に入れたい報酬を組み合わせればいい。ただし、その報酬はすぐに欲求を満たし、ＴｏＤｏリストの課題をやり遂げるのに必要な時間と努力に見合うものにすべきだ。

たとえば、友人とランチを食べることは、ガレージの掃除に見合った適切な報酬だが、キッチンのゴミ箱をきれいにする作業には見合わない過剰な報酬だ。

私の経験では、課題と誘惑の抱き合わせのテクニックは先延ばしの傾向を弱めるのにとても役立った。先延ばしにしがちな課題に対して行動を起こしたくなる効果的なテクニックであることがわかるに違いない。

ボーナステクニック 2

「コミットメントデバイス」を使う

コミットメントデバイスを使うことについては、すでにいくつかのテクニックで触れたが、そういう用語を使わなかった。そこで今、それについて説明しよう。

コミットメントデバイスとは、何らかの条件を示して行動内容や時間の使い方を制限し、重要課題を先延ばしにせずに集中して取りかかるようにするテクニックのことだ。

たとえば、友人と一緒に好きなレストランに行く計画を立てているとしよう。さらに、ダイエットをしていて、デザートを食べたいという誘惑に抵抗したいと思っているとしよう。その場合、友人に100ドルを渡して、もし自分がデザートを食べてしまったら、友人に対してそのお金を受け取っていいと約束するのは、コミットメントデバイスの一例である。

別の例を紹介しよう。作業の大半をオンラインでしているとしよう。問題は、ＳＮＳやメール、ユーチューブのために集中を乱しやすいことだ。そこで、そのような注意をそらすものにかかわらないように、ウェブサイトブロッカーを使うことに決める。

これもまたコミットメントデバイスの一種である。

このやり方は、スティーヴン・レヴィットとスティーヴン・ダブナーが『ヤバい経済学』(東洋経済新報社)の中で提唱しているものだ。彼らはコミットメントデバイスを「行動内容を制限して自分を追い込み、好ましい結果を出すための、普通なら選ばないかもしれない手段」と定義している。

コミットメントデバイスは選択肢を制限する。そして、**今、何をすべきかを知り、それに従って行動するだけの判断力を持ち合わせている「理性的な自分」が主導権を握れるように仕向ける。さらに、重要課題を先延ばしにして短期的欲求を満たしてくれそうなものを追い求める「非理性的な自分」をわきに追いやる。**

コミットメントデバイスによる制限は、私たちに有意義な行動をとらせるという点でとても大きな価値がある。ほかの選択肢に時間を割り振る方法を選ばせるのではなく、選択肢の数を少なくしてくれるのだ。選択肢の数をひとつにすることが理想的で、それは目の前の課題である。

たとえば、仕事のプレゼンテーションの準備をする必要があるとしよう。その課題をやり遂げるには2時間かかる。だが、あなたはユーチューブで動画を見て、ニュースを読み、同僚と雑談して、その時間を過ごしたいと思っている。そんなときに課題に集中して取り組むのに役立つコミットメントデバイスの使い方はこうだ。

ステップ1　StickK.comにログインし、目標を設定する（例　2時間以内にプレゼンテーションの準備を終える）。

ステップ2　掛け金を設定する（例　100ドル）。

ステップ3　審判を指名する。しっかり監視してくれそうな人を選ぶ（例　同僚、上司、秘書）。

ステップ4　指名した審判に、その役割を伝える。

2時間以内にプレゼンテーションの準備をやり終えたら、お金を失わずにすむ。

しかし、目標に達しなかったら、審判はその結果をStickK.comに通知し、あなたのクレジットカードから掛け金の100ドルが差し引かれる。

プレゼンテーションの準備を先延ばしにし、ビデオを見て、ニュースを読み、同僚と雑談して、その時間を過ごすこともできるが、このコミットメントデバイスを使うと、そんなことをすれば、代償を払うはめになる。それは自分が設定した金額である。掛け金が十分に高いなら、頑張ってプレゼンテーションの準備に励むはずだ。

コミットメントデバイスは行動を起こす仕組みとして近年の発明ではない。スペインの征服者エルナン・コルテスの有名な例がある。1521年、アステカ帝国の首都テノチティトランに向かう前、コルテスは自分たちの船を燃やして沈めた。そうすることによって、部下が反乱を起こさないように彼らの選択肢を制限したのだ。船がすべて沈んでしまったため、部下たちは前進するしかなかった。

幸いなことに、ほとんどの現代人にとって、事態はそこまで深刻ではない。だが、コミットメントデバイスは「内なる先延ばし屋」に打ち勝つうえでとても有効な手段となる。重要課題を先延ばしにして、すぐに欲求を満たしたくなったら、コミットメントデバイスを使うといい。先延ばしにしたくなる課題に集中して取りかかるのに役立つはずだ。

ボーナステクニック

3

課題を先延ばしにしても自分を許す

私のほかの著書を読んだ人なら知っていると思うが、自分を許すことをいつも大々的に提唱している。状況の処理を間違えたら、自分に優しさを持つことがとても大切だ。自分を責めても問題解決に役立たない。

特に、これは課題を先延ばしにしたときに当てはまる。実際、自分を責めることは問題を悪化させやすい。結局、自分を失敗者のように扱うことは、ポジティブな変化を起こすうえでモチベーションにはつながらないのだ。

繰り返しになるが、先延ばしは習慣である。その習慣は課題を先延ばしにするたびに強化される。何年も継続しているうちに、それは脳の中に深く刻み込まれ、ふだんの生活の一部になる。私たちは困難な課題に対して行動を起こすのを先延ばしにする方法を直感的に探してしまうのだ。

この習慣を改めることはすぐにできるわけではない。その習慣を身につけるのに何年間もかかったのだから、それを改めるのにも時間がかかる。

その過程で小さな挫折を何度も経験することだろう。だが、それでいいのだ。そのたびに自分を許し、再び挑戦し、一歩前に進もう。

自分を許すことは先延ばし癖の改善に役立つ

自分を許すことが先延ばし癖の改善に役立つという考え方には科学的根拠がある。それを紹介しよう。

2010年、カナダのカールトン大学の心理学教授マイケル・ウォール博士、先延ばし研究の第一人者ティモシー・ピチル博士、精神科医のシャノン・ベネット博士による共同研究がおこなわれた。この3人の研究者は「課題を先延ばしにしたときに自分を許せば、次に同様の課題に直面したときに先延ばしの傾向が弱まるか？」という問いを投げかけた。

この問いに対する答えを見きわめるために、3人の研究者はふたつのテスト勉強を課せられた134人の大学生を追跡調査した。その際、学生たちは次の4項目について回答を求められた。

1　最初のテスト勉強を先延ばしにしたか？
2　それをしたことで後ろめたさを感じたか？
3　それについて自分を許したか？
4　2回目のテスト勉強を先延ばしにしたか？

3人の研究者は、学生たちが最初のテスト勉強を先延ばしにしたときに自分を許したことに効果があったかどうかを調べた。その際、学生たちが自分を許したことで後ろめたさと精神的ストレスの減少に役立ったかどうか、2つ目のテスト勉強の先延ばしにどんな影響を与えたかに焦点を当てた。

3人の研究者は「自分を許した学生たちは、将来の行動パターンを変えることができた」と報告した。つまり、2つ目のテスト勉強を先延ばしにしなくなったのだ。

3人の研究者は次のように結論づけている。

「自分を許すことは過去の行動を乗り越え、勉強を先延ばしにしたという精神的負担を感じずに次のテストに意識を向けるのに役立つ。先延ばしが自分への裏切り行為であることに気づいても、自分を許すことによってネガティブな影響を拭い去ることで、学生たちは次のテスト勉強に対して前向きな姿勢で備えることができる」

要するに、これは最初の先延ばしに対して自分を許すことが、2回目の先延ばしの可能性を低くする効果を持っているということだ。

自分を許すことの大切さ

学術的な研究はさておき、課題を先延ばしにしたことで自分を責めても長期的な行動パターンの改善につながらないことは、誰もが経験的に知っているはずだ。むしろ、自分が課題を先延ばしにしたことに対して気分が悪くなるだけである。

自分を許すことは、自分の決定に対する責任を受け止め、後悔の念を乗り越え、最も重要なこととして行動パターンを改善し前進に努める機会を提供してくれる。

自分を責めると先延ばし癖が助長されるだけだが、自分を許すことは先延ばしを改善するのに役立つ。

パート2では先延ばし癖の改善に役立つ計24のテクニック（21のテクニックと3つのボーナステクニック）を紹介してきた。

では、先延ばしが実際に役に立つこともあるのだろうか？　パート3を読めば、きっとその答えに驚くに違いない。

パート

3

生産性の向上に役立つ先延ばし

これまで本書では、先延ばしが物事を成し遂げるうえで障害になっていることを指摘してきた。だが、それだけではない。ときには先延ばしは役に立つので、それをすることが理にかなっていることもある。

非常識な考え方のように聞こえるかもしれない。たいていの場合、私たちは先延ばしを「生産性を低下させる行為」と見なすからだ。しかし、パート3では、先延ばしがときには生産性の向上に役立つことを指摘しよう。

とはいえ、パート3の目的は、自由気ままな先延ばしを提唱することではない。「内なる先延ばし屋」を応援することではなく、通常の先延ばしとは違う種類の先延ばしを推奨することが、場合によっては、より適切にその日の予定を組むのに役立つということだ。

もし以上の文章が不可解だったとしても、心配する必要はない。これからすぐに全容が明らかになる。

ではさっそく始めよう。

積極的な先延ばしの技術

「積極的な先延ばし」という表現は「悲劇的な喜劇」や「公然の秘密」と同じくらい矛盾しているように感じるだろう。課題を先延ばしにする行為は、行動を起こさないことだ。それがなぜ「積極的」なのか？

その答えは、アメリカのユーモア作家ロバート・ベンチリーの名言に最も明確に示されている。

「誰もがいくらでも仕事をすることができる。ただし、それはそのときにすべき作業ではないかもしれない」

今日しなければならない最重要課題が嫌で仕方ないなら、ほかにすることを探すだろう。そんなとき消極的な先延ばしをする人は、すぐに欲求を満たしてくれそうな活動で時間をつぶそうとする。その際、課題の優先順位をほとんど考慮しない。

一方、**積極的な先延ばしをする人は、同じくらい重要で緊急性が高い課題に取りかかる。**

たとえば、家の大掃除をする計画を立てているとしよう。その課題には3時間かかり、大きな努力を要すると予想している。控えめに言っても、それはとても面倒な課題だ。

消極的な先延ばしをする人なら、家の大掃除を先延ばしにしてネットフリックスで好きなドラマを次々と見るかもしれない。

一方、積極的な先延ばしをする人なら、家の大掃除を先延ばしにして請求書の支払いやスーパーでの食料品の購入、夕食の準備をするに違いない。いずれにせよ、家の大掃除と同じくらい重要だが、より緊急性が高い課題に取りかかることを選ぶはずだ。

積極的な先延ばしをする人は、いずれ家の大掃除に取りかかるだろう。特に期限を決めている場合はそうだ。わりとすぐにそれをやり遂げるかもしれない。

これが「積極的な先延ばし」である。研究者たちはそれが時間の使い方に好ましい影響をおよぼすと指摘している。

積極的な先延ばしがどのように生産性を高めるか

積極的な先延ばしは、プレッシャーがかかると頑張るタイプの人に特に適している。さらに、そういう人は優先順位に従って複数の課題に対する時間の割り振り方を決めるのにたけている。

これは、すべきでないことをして時間を浪費する通常の先延ばしをする人とはかなり違う。積極的な先延ばしをする人は、困難な課題を先延ばしにするときにユーチューブで動画を見るのではなく、ほかの重要課題に取りかかる。

以上のように、自制心を発揮して積極的な先延ばしをする人は、とても生産性が高く、ＴｏＤｏリストにあるすべての項目をしっかりやり遂げることができる。ただ当初、計画していた順番ではないというだけのことだ。

さらに、積極的な先延ばしをする人は、プレッシャーを受けて働かなければならない立場に自分の身を置くので、完璧主義におちいりにくい。たとえ完璧でなくても十分な出来ばえならいいという許可を自分に与えているからだ。

積極的な先延ばしは、適切に実行するなら生産性を大きく高める可能性を秘めている。私はそれを経験的に知っている。おそらくあなたもそれを知っているはずだ。

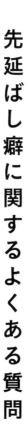

先延ばし癖に関するよくある質問

本書を読み始めたとき、先延ばし癖を改善する方法について多くの疑問を持っていたかもしれない。だが、これまでの説明で、おおむね解決したはずだ。

とはいえ、まだ疑問が残っているかもしれない。そこで、ブログの読者から寄せられた最もよくある5つの質問に答えることによって、その疑問を解消したい。

質問1「生涯にわたって先延ばしをしてきましたが、この悪い癖は本当に改善できるのでしょうか？」

もちろんです。私自身がその生き証人です。

大学時代、私の先延ばし癖は最悪のレベルに達していました。ほんの少しでも不快な要素があったり、努力が求められたりすると、いつも課題を先延ばしにしていました。それは子どものころから培ってきた一種の「スキル」のようなものでした。

幸いなことに、パート2で紹介したテクニックのおかげで、この悪い癖をなおすことができました。

ただし、それは一夜にしてできたわけではありません。優先順位を明確にし、自分のいたらなさを反省して、常に行動を起こせるようになるまでに数カ月かかりました。

しかし、私にできたのですから、あなたも必ずできます。私ほどは時間がかからないかもしれません。

覚えておいてほしいのは、行動を起こすことが先延ばし癖の改善に不可欠な習慣だということです。とはいえ、どんな習慣でも身につけるには時間がかかります。

新しい習慣やルーティンを取り入れるときは、小さな歩みを続けることが大切です。それが脳（さらに、ときには身体）を訓練し、習慣を定着させる最善の策なのです。

パート2で紹介した21のテクニックの一つひとつに1週間ずつ取り組んでください。そして、それぞれの方法を習慣にしましょう。パート2の最後に到達するころには、先延ばし癖の改善に必要なツールをすべて習得することができます。

質問2「たえずSNSで集中を乱し、重要課題を先延ばしにしがちです。SNS依存症を改善するにはどうすればいいでしょうか？」

私の意見では、SNS依存症を改善するには次の3つのアプローチが有効です。

1　スマートフォンの通知をオフにする
2　利用に関して時間制限を課す
3　現実世界の人たちとより多くの時間を過ごす

ただし、本当に重要なのは、なぜSNSが課題を先延ばしにする原因になっているのかを見きわめることです。フェイスブックにアクセスするのはいつでもできますが、重要課題を抱えているときに、なぜそんなことをするのでしょうか？

その理由はパート1に書かれています。

たとえば、失敗の恐怖におびえているのかもしれません。だから目の前の課題に取り組む代わりに、X（旧ツイッター）を見ることを選んでしまうのです。

ネガティブなセルフトークのせいで精神的負担を感じているのかもしれません。だからネガティブな思考を打ち消して前進する代わりに、インスタグラムやピンタレストにアクセスすることを選んでしまうのです。

そんな状況でSNS依存症を改善しようとしても、先延ばし癖はいっこうにならないかもしれません。先延ばし癖がほかのトリガーによって誘発されているかぎり、集中を乱す別の方法を見つけてしまうでしょう。

パート1を再読してください。そして、先ほど指摘した要因のどれが人生に大きな影響力をおよぼしているのか自問し、その要因を解明することに全力を尽くしてください。SNS依存症の本質が想像していたものとは違うことに気づくかもしれません。

質問3「嫌で仕方がなかった課題をなんとかやり遂げることができました。この勢いを持続させるにはどうすればいいでしょうか？」

おめでとうございます。少し時間をとって、その勝利を祝いましょう。この瞬間、それは小さいことのように見えるかもしれませんが、自分の成果を祝うことで気分がよくなるはずです。そして、それが励みになって何度も行動を起こすようになり、やがて習慣として定着するでしょう。

ＴｏＤｏリストにある課題をひとつずつ消すたびに、達成感にひたることができるはずです。ぜひそれを前進するための原動力として活用しましょう。

質問4「私が課題を先延ばしにするのは、圧倒されているように感じるからです。この問題を解決するにはどうすればいいでしょうか？」

パート1で説明したように、圧倒されていると感じるのは、先延ばし癖に共通するきっかけです。次々と押し寄せる課題に直面すると、身動きがとれなくなってしまいます。心身が麻痺したようなこの状態から抜け出すための最善の策は、ＴｏＤｏリストを作成し、その中の最も簡単な項目から取りかかることです。

たとえば、すべきことが山のようにあり、途方に暮れているとしましょう。そういうとき、私はこんなふうに対処しました。

第1段階　すべき課題をすべてリストにアップする

第2段階　その中から今日しなければならない課題を見きわめて、それを別のリストに転記し、その課題を最初のリストから消す

第3段階　やり遂げるのがどれくらい簡単かどうかという基準で、今日しなければならない課題をランクづけする

第4段階　その中で最も簡単な課題から取りかかり、それをやり遂げたら、二番目に簡単な課題に取りかかるというふうにして、次々と処理していく

基本的に本書では、最も困難な課題から取りかかること（パート2のテクニック－）**をおすすめしていますが、課題に圧倒されているように感じているなら、とにかく行動を起こして勢いをつけることのほうが大切です。その最善の策は、今日すべき課題にフォーカスし、その中で最も簡単な項目から取りかかることです。**

簡単な項目を最初にやり遂げると、ＴｏＤｏリストの項目を減らすと同時に達成感にひたることができます。そうすれば、圧倒されているという感覚は弱まりますし、リストの中の最も困難で手間のかかる課題に取り組もうという意欲がわいてくるはずです。

質問５「慢性的な先延ばし癖に悩んでいます。課題を先延ばしにしたいという衝動に打ち勝つ代わりに、いきなり積極的な先延ばしを実践できないものでしょうか？」

できるかもしれませんが、たぶん難しいでしょう。

「積極的な先延ばしの技術」の項で説明したように、「消極的な先延ばし」と「積極的な先延ばし」には大きな違いがあります。消極的な先延ばしの場合、優先順位をつけることとは関係なく、常に課題を先延ばしにしがちです。そういう人は短期的欲求をすぐに満たそうとしているのです。

一方、積極的な先延ばしをする人は、ほかの重要課題に取り組むために課題を先延ばしにします。とはいえ、自分を律することができないからではなく、意図的に課題を後回しにしているからです。その場合、プレッシャーと戦いながら仕事をすることによってアドレナリンが分泌されるので、生産性はむしろ向上します。

長期にわたって課題を先延ばしにしている人の大半は、消極的な先延ばしをする人です。実際、私自身もそうでした。いきなり消極的な先延ばしから積極的な先延ばしに移行するのは、容易ではありませんでした。

積極的な先延ばしを実践したいなら、まず課題を先延ばしにする傾向を弱めることをおすすめします。それができて初めて積極的な先延ばしを試してみるといいでしょう。

おわりに

先延ばし癖のせいで苦労しているなら、それはあなただけではない。世の中のすべての人がこの悪い癖に悩まされ、不快な思いをしている。

課題を先延ばしにしがちな人がこの癖を改善するのは、アルコール依存症者が断酒に挑戦するのと似ている。たえず失敗の誘惑に直面しているからだ。従来の悪い習慣がぶり返すおそれは常にある。

しかし、がっかりする必要はない。課題を先延ばしにする誘惑に駆られるたびに行動を起こすようにすれば、新しい習慣が強化される。やがて先延ばしの誘惑は弱まり、行動を起こすことは容易になる。

とはいえ、それを実行するという強い意志がないかぎり、変化が起きないことを知っておこう。当然、そのためには、本書を単に読むだけでなく、その内容をふだんの生活に応用する必要がある。

先延ばしの原因となる特定のきっかけを理解するためのチェックリストとしてパート1を活用しよう。

先延ばし癖を改善するためのマニュアルとしてパート2を活用しよう。21のテクニックをふだんの生活にひとつずつ取り入れよう。それによって得られる大きな成果に感激することだろう。

「積極的な先延ばし」を試す機会としてパート3を活用しよう。このエクササイズがすべての人に役立つとはかぎらないが、それを見きわめる唯一の方法は実際に試すことだ。

本書はほとんどの頁で、実行すべきアドバイスを紹介している。理論はほどほどにして、実用的な提案に重点を置いているからだ。本書の再読をおすすめしている理由を簡単に説明しよう。

まず、今、この文章を読んでいるなら、すでに全体を通読したことだろう。先延ばし癖の改善に関する基礎知識はもう身についているはずだ。

そこで、各章をもう一度読んでみよう。今度は「能動的」な読者になってパート1を再読しながら、先延ばしのきっかけを見きわめ、その影響を軽減するために本書のアドバイスにもとづいて行動を起こしてほしい。

パート2を再読しながら、それぞれの提案を実行しよう。前述のとおり、ゆっくり前進すればいい。週にひとつの提案を実行し、その習慣を身につけてから次の方法に移ろう。

パート3を再読しながら、積極的な先延ばしを徐々に取り入れよう。それを実験としておこない、実際に役立つかどうか見きわめよう。

あなたは人生を好転させる力を持っている。主導権を握っているのは、あなた自身だ。本書は現在地から目的地に向かうためのロードマップを提供しているから、あとはそれに従いさえすればいい。

もちろん、それは簡単ではないし、すぐに成果があがるわけでもない。これまでずっと「内なる先延ばし屋」に翻弄されてきたのだから、先延ばし癖の改善にはかなり時間がかかるかもしれない。脳が現状を維持するために抵抗しようとすることを想定しておこう。

しかし、本書で紹介した数々の提案を実行すれば、先延ばし癖は徐々に弱まることに気づくはずだ。誘惑は常に存在するが、それに駆られることは少なくなる。

そのときこそ、この戦いに勝利したことを実感するに違いない。

本書を再読する前に、「必ず先延ばし癖を改善する」と誓い、「本書のすべての提案を実行する」と自分に約束しよう。従来の先延ばし癖が数週間以内に大きく改善されることに気づくはずだ。また、行動を起こすことによって、自分に秘められた力に目覚めるだろう。そのとき、それまで嫌で仕方がなかった困難な課題に取りかかるのが楽しみになるに違いない。

読者のみなさまへ

本書をお読みいただき、誠にありがとうございます。

もっと楽しいことをして過ごせたかもしれないのに、貴重な時間を割いて最後まで読んでいただいたことに深く感謝します。

先延ばし癖を改善して、私の人生は大きく好転しました。きっとあなたも同様の経験ができるはずです。本書で紹介した数々の方法がお役に立つことを願ってやみません。

もし本書を読んでよかったと感じたら、お手数ですが、アマゾンに簡単なレビューを書いていただけると幸いです。内容について気に入った点を指摘してもらえれば、ほかの人たちも本書を読んで先延ばし癖を改善するきっかけになると思います。

どうぞよろしくお願いします。

デイモン・ザハリアデス

「先延ばしグセ」が治る21の方法

発行日　2023年12月22日　第1刷
2024年 2 月19日　第2刷

Author　デイモン・ザハリアデス
Translator　弓場隆
Book Designer　山之口正和+齋藤友貴(OKIKATA)

Publication　株式会社ディスカヴァー・トゥエンティワン
〒102-0093　東京都千代田区平河町2-16-1 平河町森タワー11F
TEL　03-3237-8321(代表) 03-3237-8345(営業)
FAX　03-3237-8323
https://d21.co.jp/

Publisher　谷口奈緒美
Editor　村尾純司　伊東佑真

Distribution Company
飯田智樹　古矢薫　山中麻吏　佐藤昌幸　青木翔平　磯部隆　小田木もも
廣内悠理　松ノ下直輝　山田諭志　鈴木雄大　藤井多穂子　伊藤香　鈴木洋子

Online Store & Rights Company
川島理　庄司知世　杉田彰子　阿知波淳平　王廳　大﨑双葉　近江花渚
仙田彩歌　滝口景太郎　田山礼真　宮田有利子　三輪真也　古川菜津子
中島美保　厚見アレックス太郎　石橋佐知子　金野美穂　陳鋭　西村亜希子

Product Management Company
大山聡子　大竹朝子　藤田浩芳　三谷祐一　小関勝則　千葉正幸　伊東佑真
榎本明日香　大田原恵美　小石亜季　志摩麻衣　野﨑竜海　野中保奈美
野村美空　橋本莉奈　原典宏　星野悠果　牧野類　村尾純司　安永姫菜
斎藤悠人　中澤泰宏　浅野目七重　神日登美　波塚みなみ　林佳菜

Digital Solution & Production Company
大星多聞　中島俊平　馮東平　森谷真一　青木涼馬　宇賀神実　小野航平
佐藤淳基　舘瑞恵　津野主揮　中西花　西川なつか　林秀樹　林秀規
元木優子　福田章平　小山怜那　千葉潤子　藤井かおり　町田加奈子

Headquarters
蛯原昇　田中亜紀　井筒浩　井上竜之介　奥田千晶　久保裕子　副島杏南
福永友紀　八木眸　池田望　齋藤朋子　高原未来子　俵敬子　宮下祥子
伊藤由美　丸山香織

Proofreader　文字工房燦光
DTP　一企画
Printing　シナノ印刷株式会社

ISBN978-4-7993-3005-0
(SAKINOBASHIGUSE GA NAORU 21NO HOUHOU by Damon Zahariades)

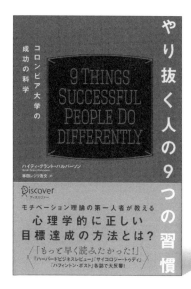